はじめに

このプリントは、子どもたちが自らアクティブに問題を解き続け、学習できるようになる姿をイメージして生まれました。

どこから手をつけてよいかわからない。問題とにらめっこし、かたまってしまう。

えんぴつを持ってみたものの、いつの間にか他のことに気がいってしまう…。

そんな場面をなくしたい。

子どもは１年間にたくさんのプリントに出会います。できるだけよいプリントに出会ってほしいと思います。

子どもにとってよいプリントとは何でしょうか？

それは、サッとやり始め、ふと気づけばできている。スイスイと上がっていけるエスカレーターのような仕組みのあるプリントです。

「いつのまにか、できるようになった！」「もっと続きがやりたい！」

と、子どもが目をキラキラと輝かせる。そんな子どもたちの姿を思い描いて編集しました。

プリント学習が続かないことには理由があります。また、プリント１枚ができないことには理由があります。

語彙を獲得する必要性や、大人が想像する以上にスモールステップが必要であったり、じっくり考えなければならない問題があったりします。

教科書レベルの問題が解けるために、さまざまなバリエーションの問題を作りました。

「学ぶことが楽しい！」

→「もっとやりたくなる！」

→「続くから、結果が出てくる！」

ぜひ、このプリント集を使ってみてください。

子どもたちがワクワク、キラキラしてプリントに取り組む姿が、目の前で広がりますように。

藤原　光雄

シリーズ全巻の特長

◎幅広く目的に沿った使い方！

○「書くこと」を中心に、知識や表現力をどんどん広げる。
○教科書で学習した内容を読む、理解できる。
○教科書で学習した内容を使う、表現できる。
○教科書で学習した内容を説明できる。

◎国語科６年間の学びをスパイラル化！

国語科６年間の学習内容を、スパイラルを意識して配列しています。
予習や復習、発展的な問題に取り組むなど、ほかの学年の巻も使ってみてください。

このプリントの特長

○はじめの一歩をわかりやすく！

自学にも活用できるように、うすい字でやり方や書き方が書いてあります。
なぞりながら答え方を身につけてください。

○国語感覚から解き方や作文力が身につく！

文字あそびや言葉あそびで、言語に対する習熟を重ね、作文力がつきます。
ワークシートで言葉の冒険を楽しんでみてください。

○さまざまな発想・表現ができる！

答えが一通りではなく、多様な答えがある問題も用意しました。

○文法、語彙の力が身につく！

教科書の学習に合う新出漢字・語彙をさまざまな形式でくり返すことで定着を図ります。

朝学習、スキマ学習、家庭学習など、さまざまな学習の場面で活用できます。

3年生　もくじ

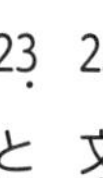
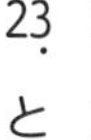

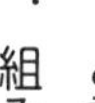

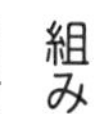
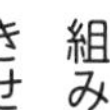
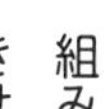
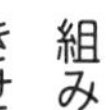

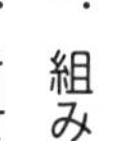
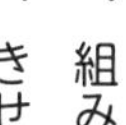
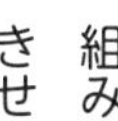

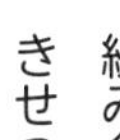
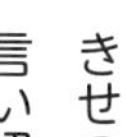

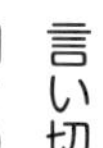

1 四文物語（よんぶんものがたり） ①

名前

四つの文でお話を自由（じゆう）につくりましょう。

起（キ）	承（ショウ）	転（テン）	結（ケツ）
登場人物（とうじょうじんぶつ）のこれまでの様子（ようす）	事（じ）けん発生（はっせい）！ピンチになる	思わぬことで助（たす）かる	登場人物のそれからの様子
あるところに、一ぴきのサルがいました。	ある日のこと、大切なリンゴを落としてしまいました！	ところが、　　　　ました。	それから、　　　　ました。

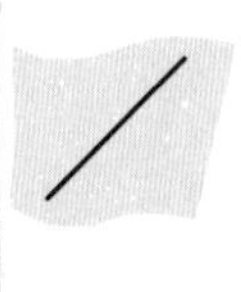

1 四文物語（よんぶんものがたり） ②

名前

四つの文でお話を自由（じゆう）につくりましょう。

起（キ）	承（ショウ）	転（テン）	結（ケツ）
登場人物（とうじょうじんぶつ）のこれまでの様子（ようす）	事（じ）けん発生（はっせい）！ピンチになる	思わぬことで助（たす）かる	登場人物のそれからの様子
あるところに、　　がいました。	ある日のこと、　　ました！	ところが、　　ました。	それから、　　ました。

絵をかこう。

2 デコレーション文 ①

名前

主語(しゅご)とじゅつ語のかんたんな文を□の中の言葉(ことば)でかざり、くわしくしましょう。

① わたしは □ □ □ □ 行きました。

② わたしは □ □ □ □ 行きました。

③ わたしは □ □ □ □ 行きました。

④ わたしは □ □ □ □ 行きました。

いつ?	だれと?	どこへ?	何で?
夏休み　土曜日　おとつい　きのう	友だちと　家族(かぞく)で　お父さんと　みんなで	プールへ　温(おん)せんへ　動物園(どうぶつえん)へ　ハワイへ	バスで　電車で　自転車(じてんしゃ)で　ひこうきで

2 デコレーション文 ②

名前

主語（しゅご）とじゅつ語のかんたんな文を□の中の言葉（ことば）でかざり、くわしくしましょう。

① 弟は　　　作った。

② 妹は　　　書いた。

③ 姉は　　　する。

④ 兄は　　　見に行く。

いつ？	いつ？	どんな？	何を？
きのう、　来週、	土曜日に　午前中に	おいしい　とても長い	作文を　発表（はっぴょう）を
今日、　明日、	五時間目に　夕食に	音楽の　大人気の	カレーを　えい画を

2 デコレーション文 ③

名前

✿ 主語（しゅご）とじゅつ語のかんたんな文を□の中の言葉（ことば）でかざり、くわしくしましょう。

① □ 花が □ □ さきました。

② □ 人が □ □ おしよせました。

③ □ クジラが □ □ とびはねました。

④ □ 風が □ □ ふいてきました。

どんな？	
大きい	赤い
さわやかな	たくさんの

何の？	
部屋（へや）の	アイドルの
船の	わが家の

どこに？	
中に	近くで
コンサートに	庭（にわ）で

2

デコレーション文 ④

名前

主語(しゅご)とじゅつ語のかんたんな文を□の中の言葉(ことば)でかざり、くわしくしましょう。

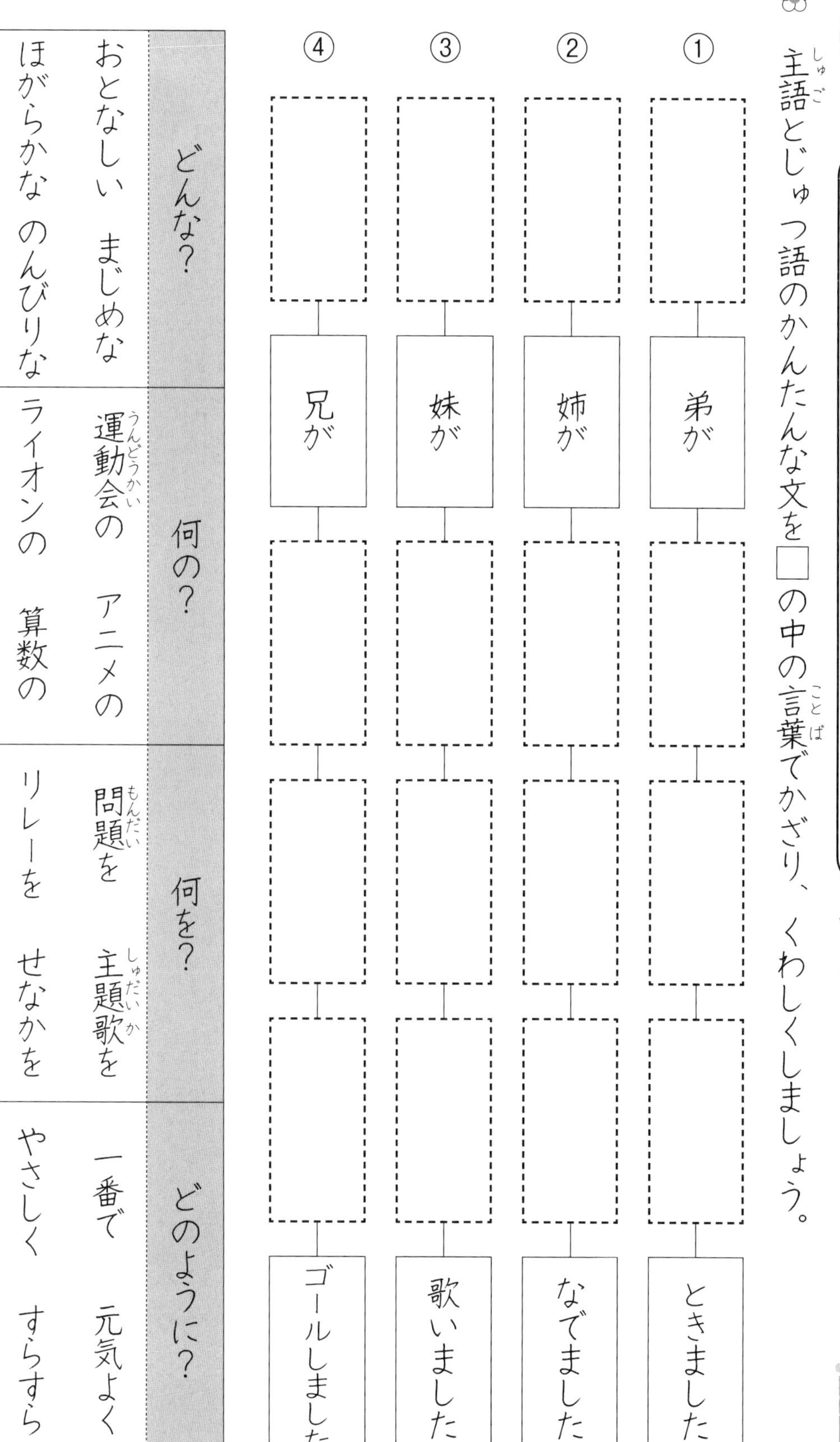

① 弟が ときました。

② 姉が なでました。

③ 妹が 歌いました。

④ 兄が ゴールしました。

どんな?	何の?	何を?	どのように?
おとなしい　まじめな	運動会(うんどうかい)の　アニメの	問題(もんだい)を　主題歌(しゅだいか)を	一番で　元気よく
ほがらかな　のんびりな	ライオンの　算数の	リレーを　せなかを	やさしく　すらすら

3 ～のように

名前

✿「まるで～のように」で、たとえてみましょう。

（れい）まるで氷（こおり）のように・―・つめたい・―・風。

① まるでチョウのように・　・速（はや）い・　・ダンス。

② まるでチーターのように・　・かろやかな・　・走り。

③ まるでリンゴのように・　・小さい・　・ほほ。

④ まるでアリのように・　・赤い・　・人。

⑤ まるで太陽（たいよう）のように・　・白い・　・ライト。

⑥ まるで雪のように・　・明るい・　・うさぎ。

3 ～のような

名前

✿「～のような」で、たとえてみましょう。

（れい）竹をわったような ・―・ さっぱりしたせいかく。

① 絵にかいたような ・　・ やすらかな気持(きも)ち。

② 大船に乗(の)ったような ・　・ 美(うつく)しい風景(ふうけい)。

③ いもをあらうような ・　・ つらいど力。

④ 血(ち)のにじむような ・　・ こんざつしたプール。

⑤ 火がついたような ・　・ はっきりしない話。

⑥ 雲をつかむような ・　・ はげしいなき声。

4

ふきだし物語①

名前

どんなことを話していますか。「　」を使って書いてみましょう。

「　　。」

「　　。」

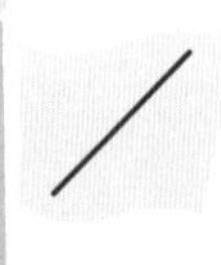

4 ふきだし物語(ものがたり) ②

名前

✿ どんなことを話していますか。「 」を使(つか)って書いてみましょう。

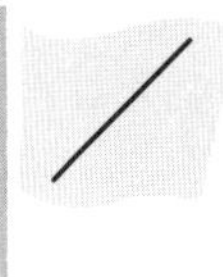

5 文をつなげ！ ①

名前

上の文につづくように、文を書きましょう。

① まるでレモンのような

② いつもと、ことなる

③ 予想（よそう）と反対（はんたい）の

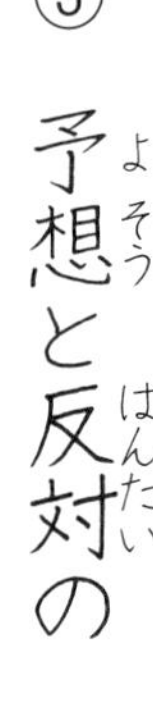

④ ゴールとぎゃくに

⑤ こん虫のなかまの

⑥ きょ年を上回る

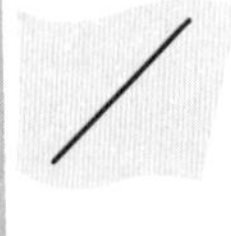

5 文をつなげ！ ②

名前

上の文につづくように、文を書きましょう。

① こうひょうの理由（りゆう）は［　　　　］。

② いっぽう勝（か）ったチームは［　　　　］。

③ ごはんと［　　　　］に、大きく分ける。

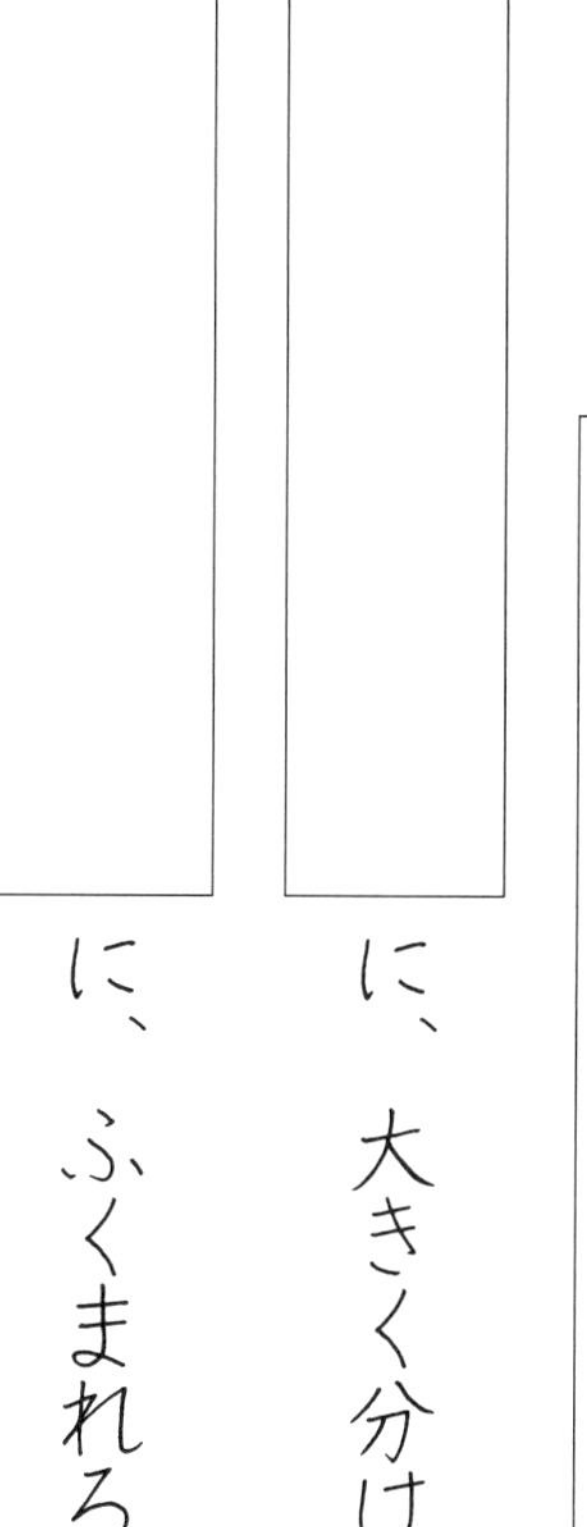

④ すいかは［　　　　］に、ふくまれる。

⑤ たとえば［　　　　］のように。

⑥ このようにたんぽぽは［　　　　］。

6 ていねいな言い方 ①

✿ 敬体（けいたい）の文（ていねいな言い方）に○をつけましょう。

① 姉は中学三年生だ。
姉は中学三年生です。

③ あと五メートルだよ。
あと五メートルですよ。

⑤ もう歩けません。
もう歩けない。

⑦ 箱（はこ）をあけました。
箱をあけた。

② タマはネコです。
タマはネコだ。

④ コンビニでも使（つか）える。
コンビニでも使えます。

⑥ 小さなボートが見えます。
小さなボートが見える。

⑧ 答えは△だと思う。
答えは△だと思います。

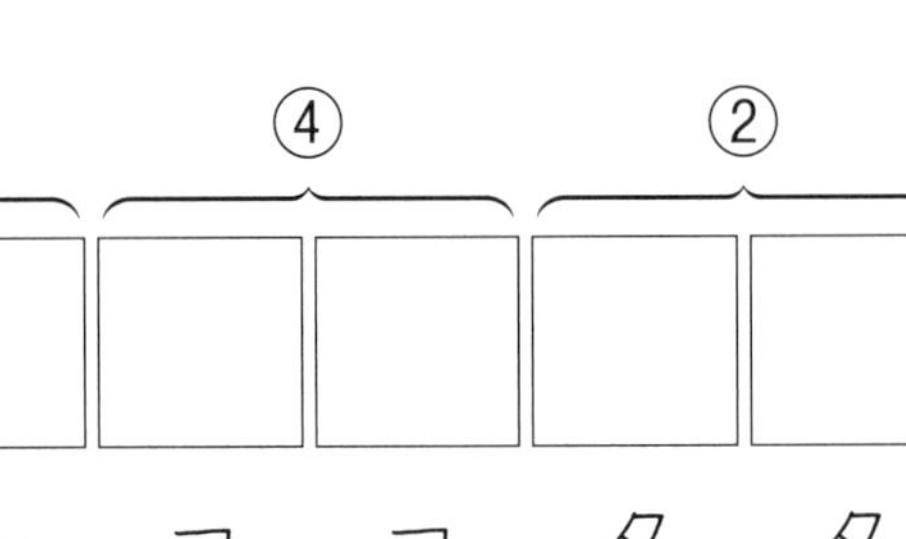

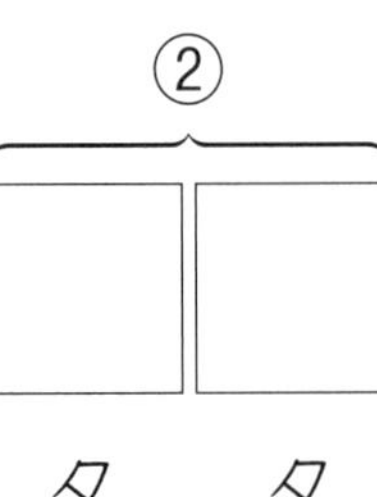

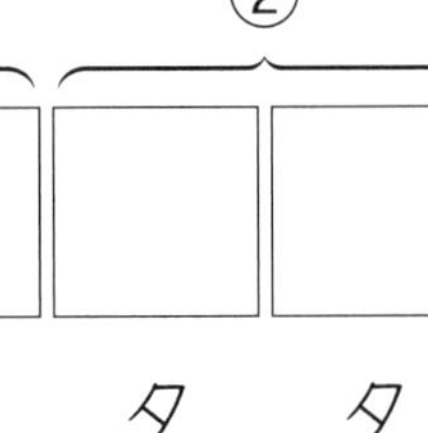

ていねいな言い方を敬体、ふつうの言い方を常体（じょうたい）といいます。

6 ていねいな言い方 ②

名前

敬体(けいたい)の文(ていねいな言い方)に、三つずつ○をつけましょう。

①

□□□□□□□□

きのうは台風だった。

今日はいい天気です。

山登(やまのぼ)りに行けます。

きびだんごは持(も)った。

お手。

おかわりおねがいします。

お母さんの方まで歩く。

きれいな花である。

②

□□□□□□□□

明日はお祭(まつ)りです。

わたしは赤組だ。

いただきますだろう。

わくわくしています。

おはようの声が大きい。

食べられてしまった。

よくやったでしょう。

お月様(つきさま)がうつくしい。

6 ていねいな言い方 ③

名前

次の文を「〜です。」に書きかえましょう。

① アブハチとらずだ。  → アブハチとらず（です。）

② 石の上にも三年だ。 → 石の上にも三年

③ 雨ふって地かたまるだ。  → 雨ふって地かたまる

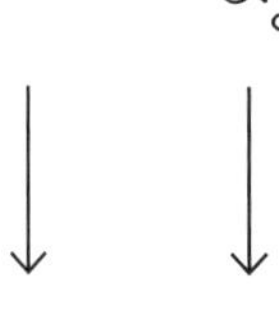

④ かわいい子には旅（たび）をさせよ。 → かわいい子には旅をさせよ

⑤ 急（いそ）がば回れだ。 → 急がば回れ

⑥ 後は野となれ山となれだ。 → 後は野となれ山となれ

⑦ あばたもえくぼだ。 → あばたもえくぼ

⑧ 一事（いちじ）が万事だ。 → 一事が万事

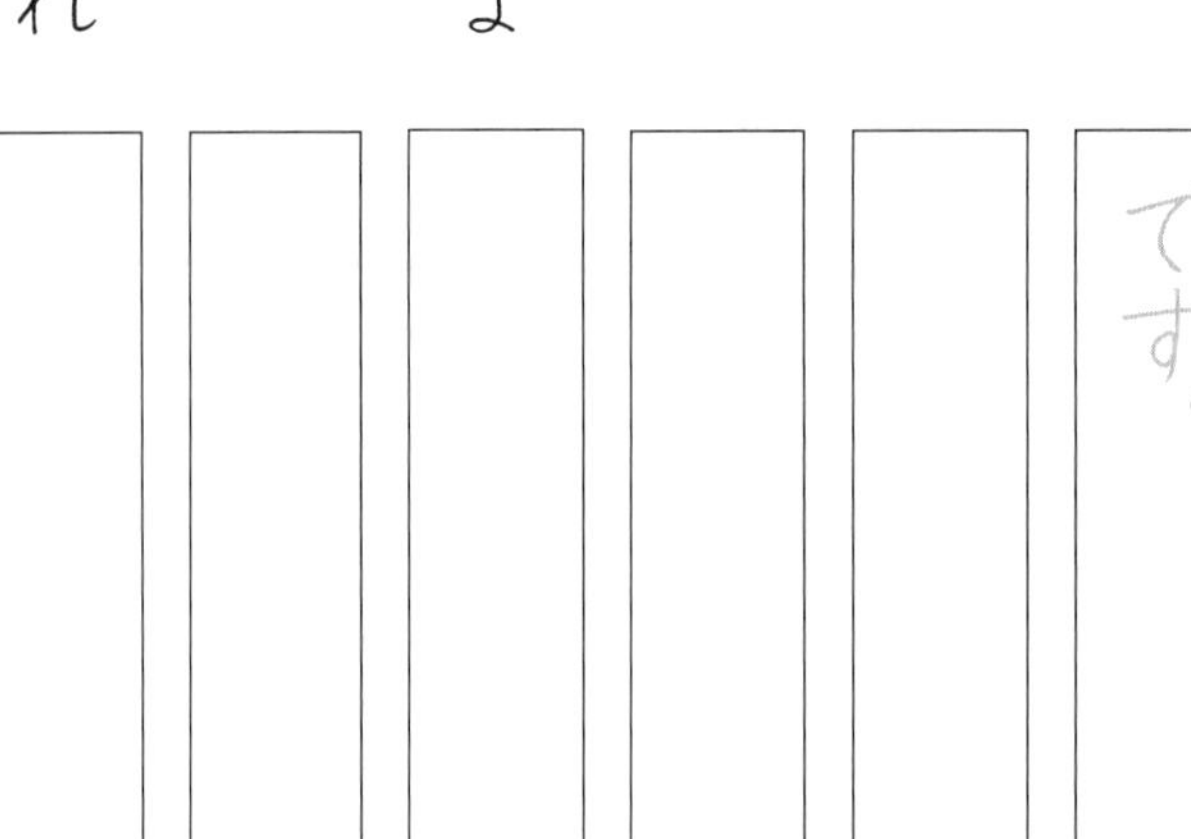

6 ていねいな言い方 ④

名前

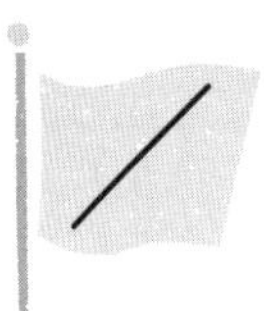

✿ 次の文を「〜だ。」に書きかえましょう。

① 一すん先はやみです。 → 一すん先はやみだ。

② 言わぬが花です。 → 言わぬが花

③ 魚心（うおごころ）あれば水心（みずごころ）です。 → 魚心あれば水心

④ うそから出たまことです。 → うそから出たまこと

⑤ 馬の耳にねんぶつです。 → 馬の耳にねんぶつ

⑥ 知らぬがほとけです。 → 知らぬがほとけ

⑦ おにに金ぼうです。 → おにに金ぼう

⑧ えんの下の力持（ちからも）ちです。 → えんの下の力持ち

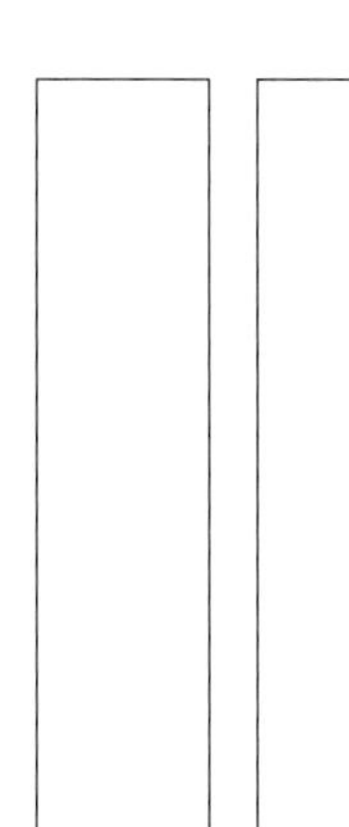

7 主語(しゅご)と述語 ①

名前

✿ □に入る述語(じゅつご)を下からえらび、文を作りましょう。

① 消(しょう)ぼう車(しゃ)が　［走る］。
② アゲハチョウが　［　　］。
③ マイケルは　［　　］。
④ 水が　［　　］。
⑤ 空は　［　　］。
⑥ 今日は　［　　］。
⑦ サクラが　［　　］。
⑧ しん号(ごう)は　［　　］。

動(うご)き	様子(ようす)	物(もの)や事(こと)
歌う まう 走る	青い あたたかい つめたい	神様(かみさま)だ 黄色だ まん開(かい)だ

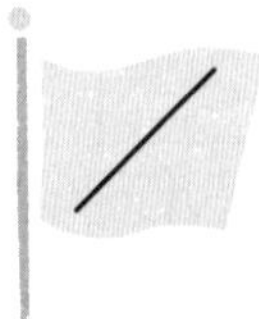

7 主語と述語 ②

名前

主語（しゅご）に――線、述語（じゅつご）に～～線を引きましょう。

述語が動き（うご）（～する、～した）

① 多くの　クマゼミが　なく。

② 大きい　ラッコが　泳（およ）ぐ。

③ 長かった　夏休みが　終（お）わる。

④ 赤い　花が　さく。

⑤ おくれた　ボブは　急（いそ）いだ。

⑥ うれしそうに　ポチは　走る。

⑦ おどろいた　おには　にげた。

⑧ ウメの　花は　さいた。

⑨ コオロギが　にぎやかに　なく。

⑩ おやつが　山のように　出る。

⑪ 宿題（しゅくだい）が　やっと　終わる。

⑫ 時間が　あっという間に　たつ。

⑬ わたしは　サラダを　作る。

⑭ ポチは　草原を　走り回った。

⑮ ジョンは　えい画を　見に行った。

⑯ 氷（こおり）は　すぐに　とけた。

7 主語と述語 ③

名前

✿ 主語（しゅご）に——線、述語（じゅつご）に〜〜線を引きましょう。

述語が様子（ようす）（どんなだ）

①今日の　まん月は　明るい。

②動物園（どうぶつえん）の　トラは　大人しい。

③今年の　れん休は　長い。

④バラの　花は　赤い。

⑤ボブの　身長（しんちょう）は　高い。

⑥さん歩中の　ペスは　元気だ。

⑦今月の　雨の日は　少ない。

⑧兄の　カバンは　重（おも）い。

⑨お茶が　とても　あつい。

⑩カレーが　すごく　からい。

⑪出前が　おどろくほど　早い。

⑫チームが　全国（ぜんこく）レベルで　強い。

⑬ドラマが　かなり　こわかった。

⑭答えが　いつも　正しい。

⑮水とうが　すでに　空っぽだ。

⑯問題（もんだい）が　去年（きょねん）より　むずかしい。

7 主語と述語 ④

名前

主語(しゅご)に——線、述語(じゅつご)に〜〜線を引きましょう。

述語が物(もの)や事(こと)（〜だ、〜である）

① スズメは　よく見る　野鳥だ。

② アリは　小さいが　こん虫だ。

③ トマトは　赤い　野さいだ。

④ 野球(やきゅう)は　人気の　スポーツだ。

⑤ サメは　大きくなる　魚だ。

⑥ ペンギンは　とべない　鳥だ。

⑦ 今日は　午後から　雨だ。

⑧ メロンは　高かな　くだ物(もの)だ。

⑨ 大きな　赤い　花は　バラだ。

⑩ 明日の　きゅう食は　コロッケだ。

⑪ はげしい　風は　台風だ。

⑫ 家に　帰るまでが　遠足だ。

⑬ この　ほほえみが　答えだ。

⑭ 子どもは　社会の　たからだ。

⑮ メイの　ペットは　ウサギだ。

⑯ ボブの　家は　マンションだ。

8 気持ちを表そう ①

名前

「気持ちを表す言葉」を[　]からえらんで、文を作りましょう。

①

ボブは[　　　　]。

ベンは[　　　　]。

アンは[　　　　]。

メイは[　　　　]。

気持ちを表す言葉			
頭にくる	落ち着かない	心細い	つらい
はっとする	目をうたがう	うちょうてん	もの足りない

②

レッドは[　　　　]。

ブルーは[　　　　]。

ピンクは[　　　　]。

ブラックは[　　　　]。

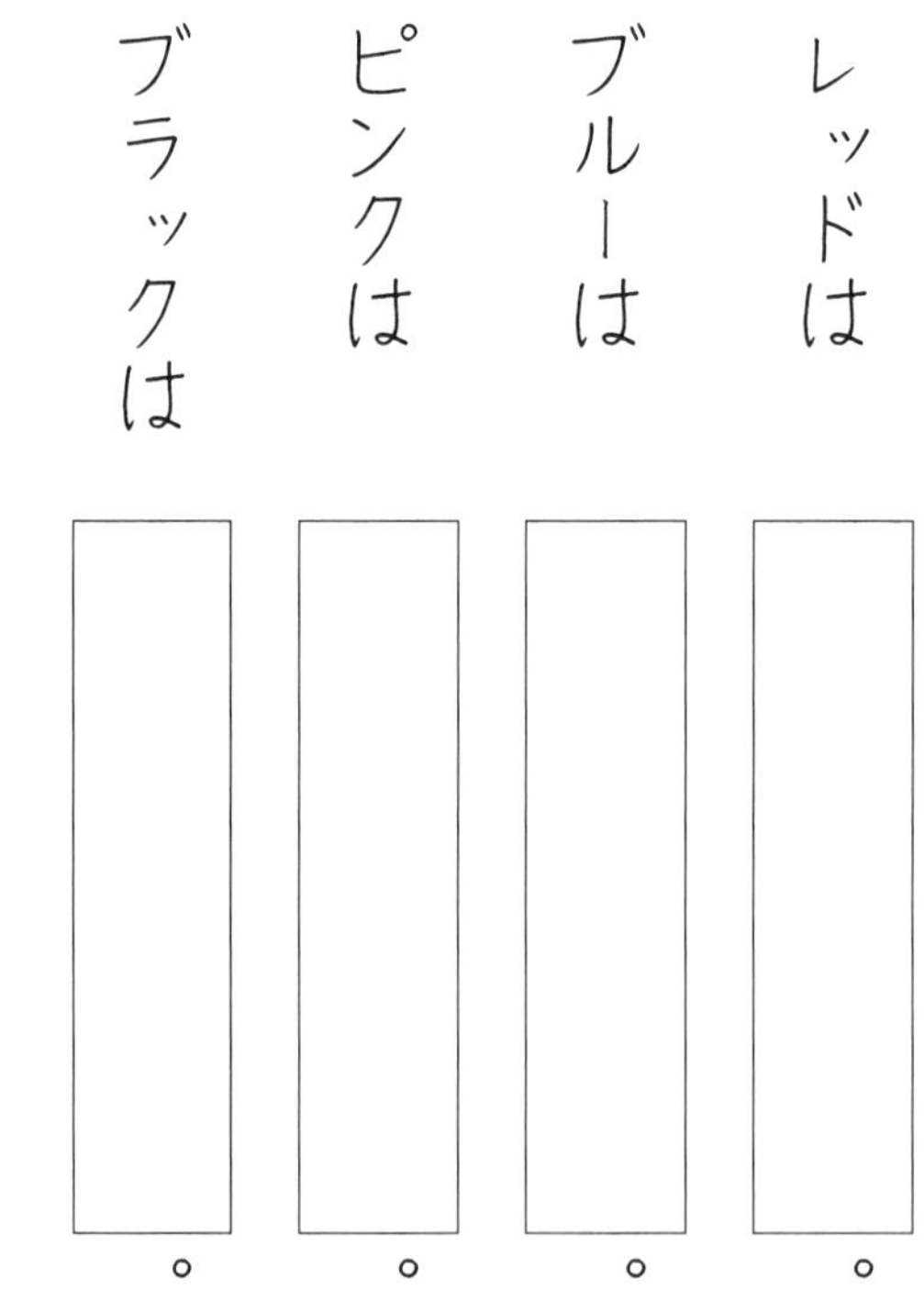

気持ちを表す言葉			
元気づけられる	てれくさい	とく意になる	ぎょっとする
気落ちする	くたびれる	やるせない	切ない

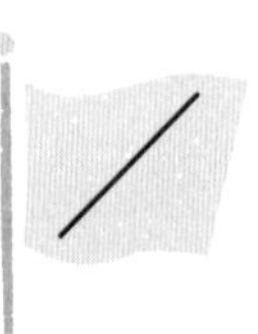

8 気持ちを表そう ②

名前

「気持ちを表す言葉」を□からえらんで、文を作りましょう。

①

ケンは□。

サキは□。

レンは□。

アイは□。

気持ちを表す言葉			
感しゃする	感げきする	あきれる	まん足する
こうふんする	びっくりする	反せいする	きんちょうする

②

コアラは□。

パンダは□。

ラクダは□。

ラッコは□。

気持ちを表す言葉			
気分がいい	気げんがいい	うれしい	楽しい
落ち着く	待ち遠しい	なつかしい	気分が悪い

8 気持ちを表そう ③

名前

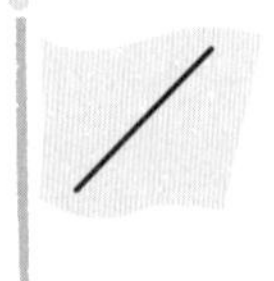

✿「気持ちを表す言葉」を□からえらんで、文を作りましょう。

①

Aさんは［　　　　］。

Bさんは［　　　　］。

Cさんは［　　　　］。

Dさんは［　　　　］。

気持ちを表す言葉			
決意する	反せいする	本気だ	ひっ死だ
かっとなる	あせる	まよう	ふ安だ

②

ワニは［　　　　］。

トラは［　　　　］。

ゾウは［　　　　］。

カバは［　　　　］。

気持ちを表す言葉			
はらが立つ	たいくつだ	おどろく	こまる
あきれる	くつろぐ	ゆったり	ここちよい

8 気持ちを表そう ④

名前

✿「様子（ようす）を表（あらわ）す言葉（ことば）」を□からえらんで、文を作りましょう。

①

これは□。

それは□。

あれは□。

どれも□。

様子を表す言葉			
役立（やくだ）つ	大切だ	ていねいだ	はっきりした
ふ十分だ	ふべんだ	あっけない	あやふやだ

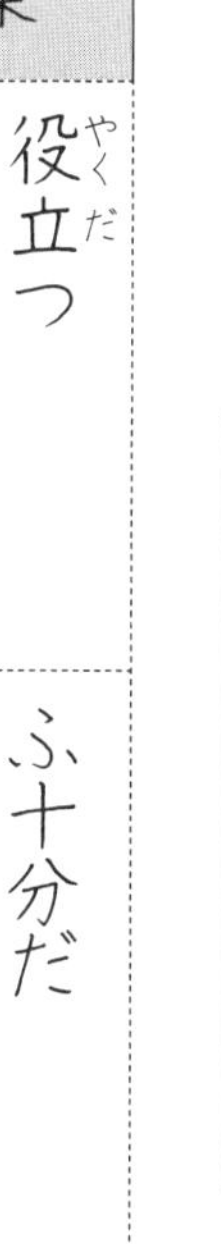

②

こちらは□。

そちらは□。

あちらは□。

どちらも□。

様子を表す言葉			
十分だ	美（うつく）しい	かん全（ぜん）だ	重苦（おもくる）しい
分かりやすい	上回る	こうひょうだ	とくべつだ

9 言葉のなかま分け ①

名前

言葉のとくちょうに目を向けて、言葉をなかま分け（分るい）しましょう。

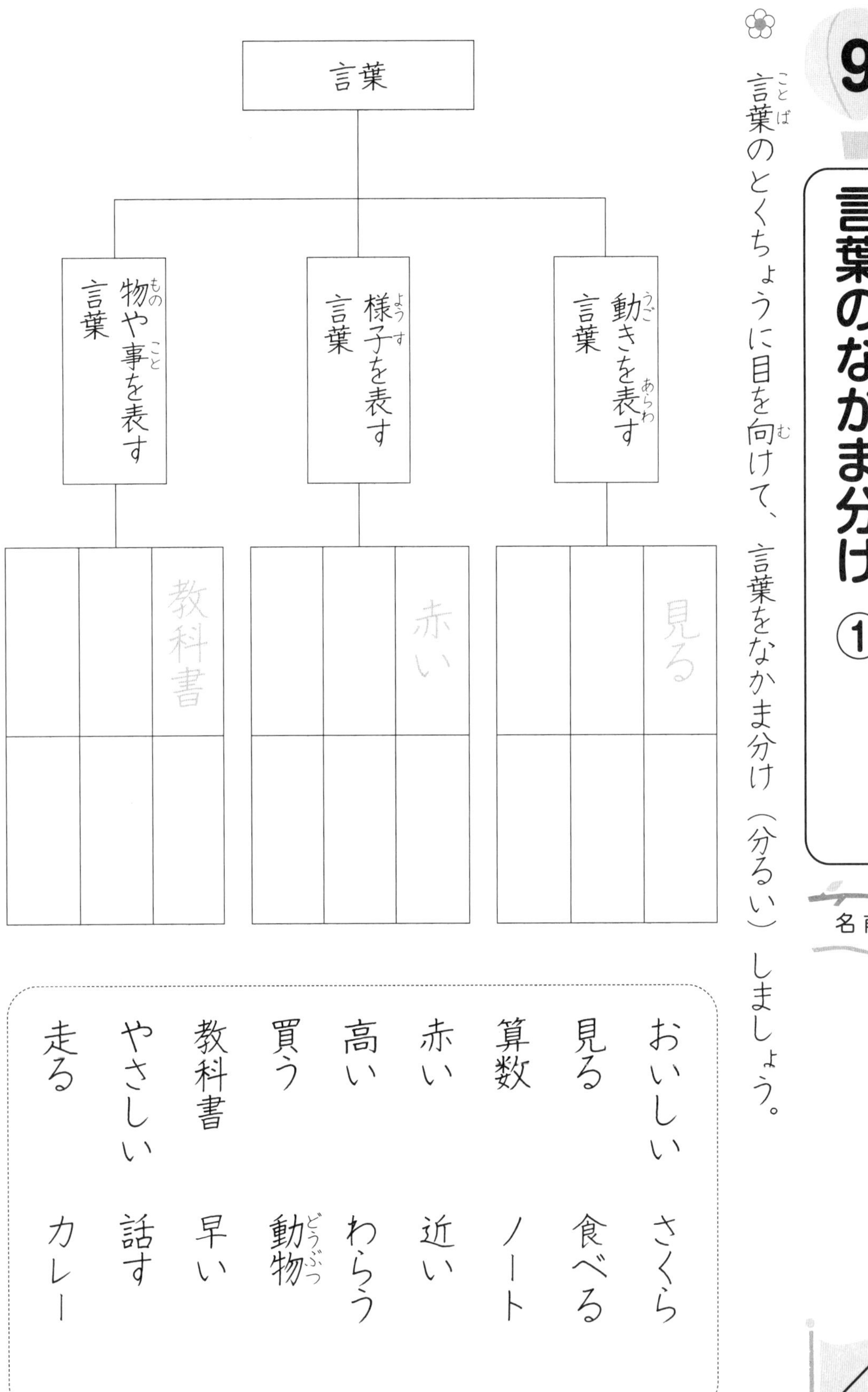

9 言葉のなかま分け ②

名前

言葉のとくちょうに目を向けて、言葉をなかま分け（分るい）しましょう。

強い　音楽
歩く　明るい
ピアノ　ひまわり
白い　丸い
つたえる　聞く
ライオン　かたづける
えんぴつ　パソコン
書く　すごい
美しい　考える

9 言葉のなかま分け ③

名前

言葉のとくちょうに目を向けて、言葉をなかま分け（分るい）しましょう。

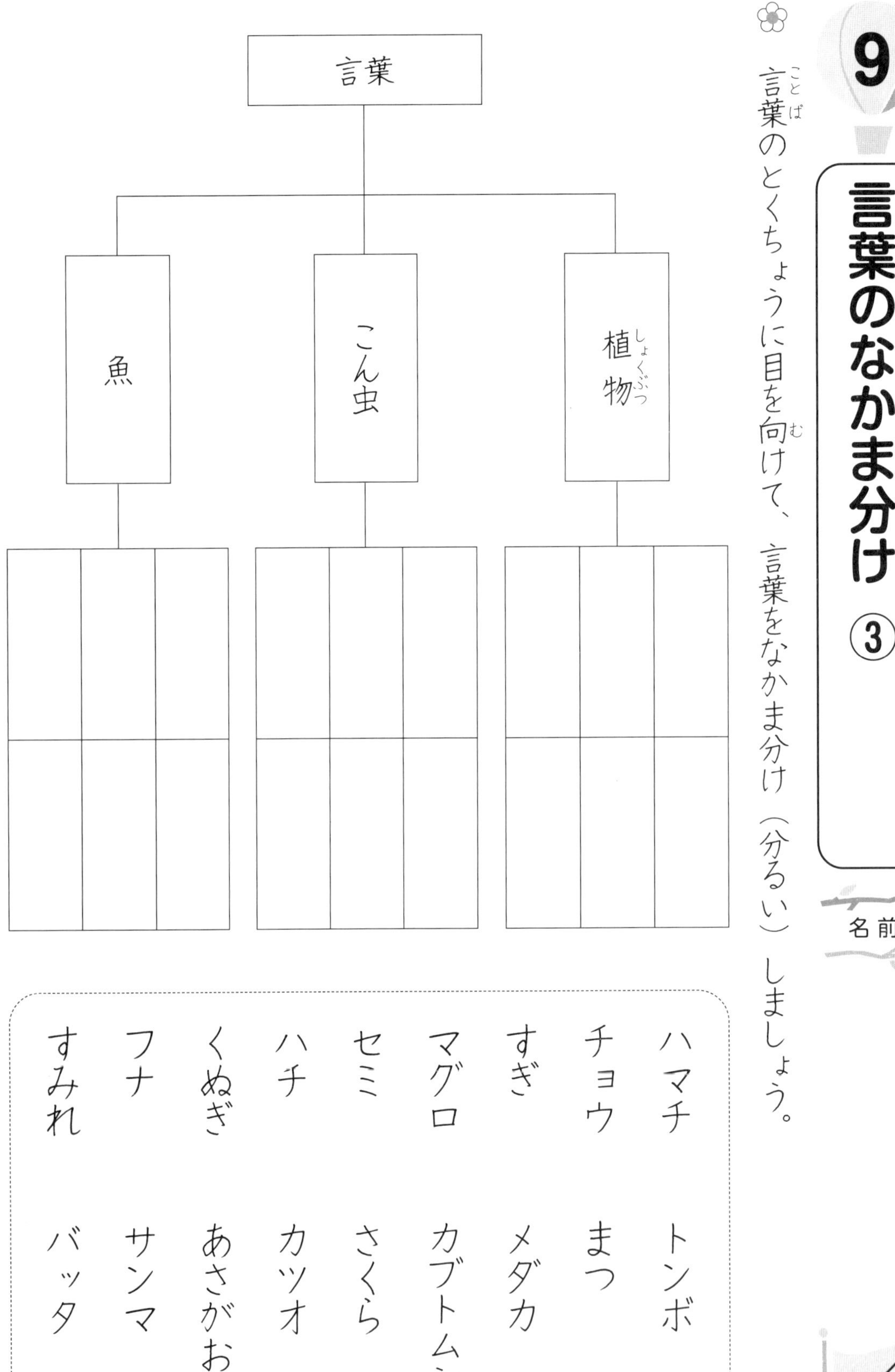

9 言葉のなかま分け ④

名前

言葉のとくちょうに目を向けて、言葉をなかま分け（分るい）しましょう。

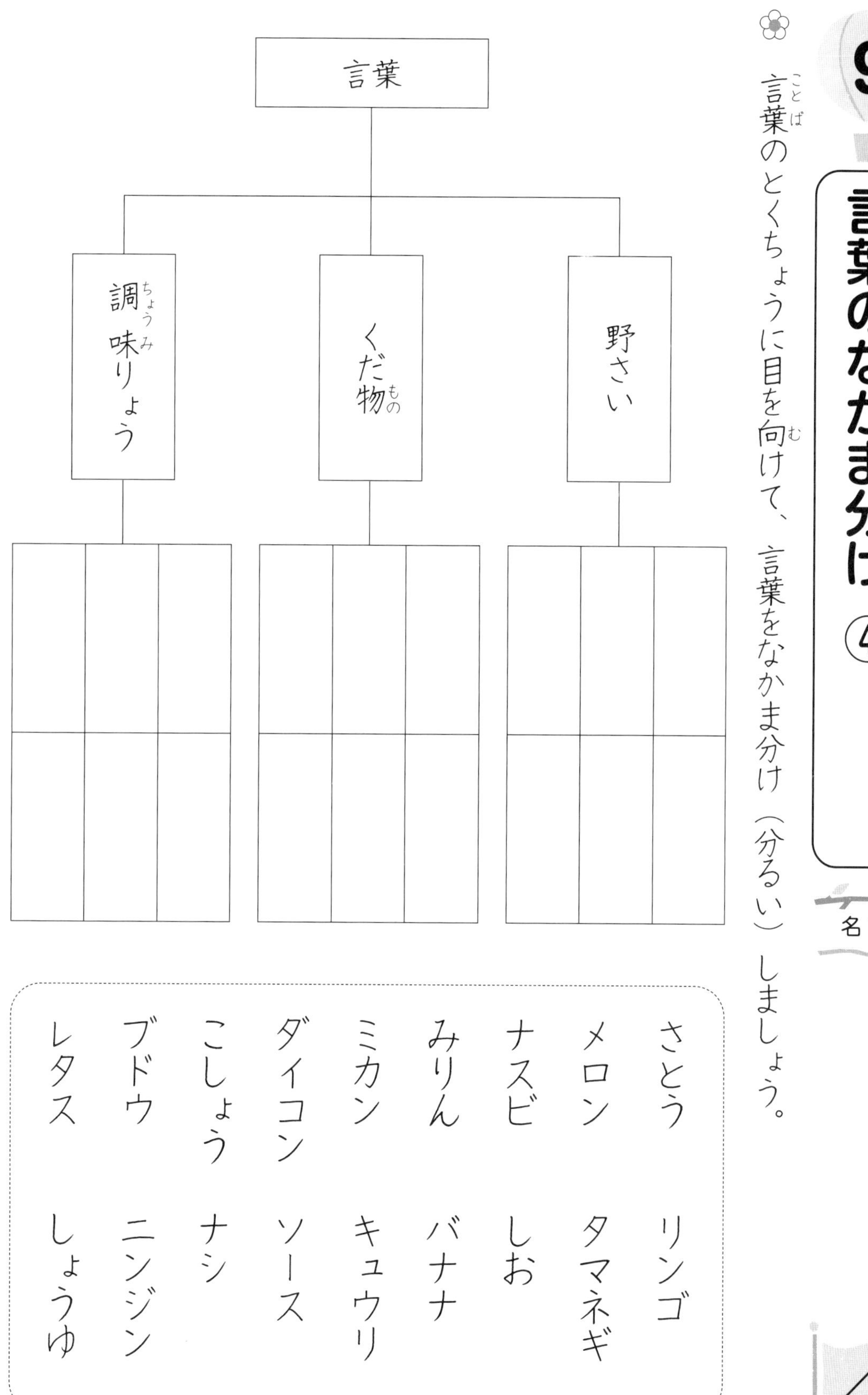

10 こそあど言葉 ①

名前

「これ」「それ」「あれ」「どれ」の言葉を表に書いてまとめましょう。

		物事		場所	方向		様子	
こ	話し手に近い 話 相	この	これ	ここ	こちら	こっち	こんな	こう
そ	相手に近い 話 相							
あ	どちらからも遠い 話 相							
ど	はっきりしない 話 ? 相							

〈ヒント〉

この	これ	ここ	こちら	こっち	こんな	こう
その	それ	そこ	そちら	そっち	そんな	そう
あの	あれ	あそこ	あちら	あっち	あんな	ああ
どの	どれ	どこ	どちら	どっち	どんな	どう

10 こそあど言葉 ②

名前

――線のこそあど言葉が指す、文章中の言葉を答えましょう。

① おばあちゃんから、赤いくつをもらった。次の日、そのくつをはいて、パーティーに行った。

（おばあちゃんからもらった）赤いくつ

② 家の近くに新しいスーパーができました。次の日曜日に、そこに買い物に行きます。

③ 「あきらめたら、そこでし合は終わりですよ。」これが、コーチからのアドバイスです。

④ 大きな鳥を見ました。それは、四メートルくらいの大きさです。

10 こそあど言葉 ③

名前

✿ ——線のこそあど言葉が指す、文章中の言葉を答えましょう。

① 木の真ん中に、ぽっかり空いているあながある。そこが、リスたちのすみかだ。

木の真ん中に、ぽっかり空いているあな

② カブトムシは、夜行せいである。そのため、昼間は木の葉の下にもぐったりしている。

③ わたしは三つの刀のうち、右の刀を手に取った。「それをえらぶのかい。」後ろから声が聞こえた。

④ 前方に、大きなケモノのすがたが見える。あれが、サスカッチだ。

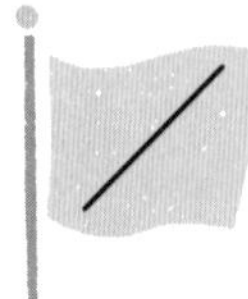

10 こそあど言葉 ④

名前

――線のこそあど言葉（ことば）が指（さ）す、文章中（ぶんしょうちゅう）の言葉を答えましょう。

① まほう使（つか）いから、小さな人形をもらった。それには、大きなひみつがかくされていた。

② テーブルに赤いボタンがついていた。これをおすとどうなるのだろう。

③ まよったら、左の方の道を進（すす）んでみよう。これが、みんなの考えでした。

④ 行動（こうどう）することでみ来はかわる。これは、わたしが先人（せんじん）から学んだ教えです。

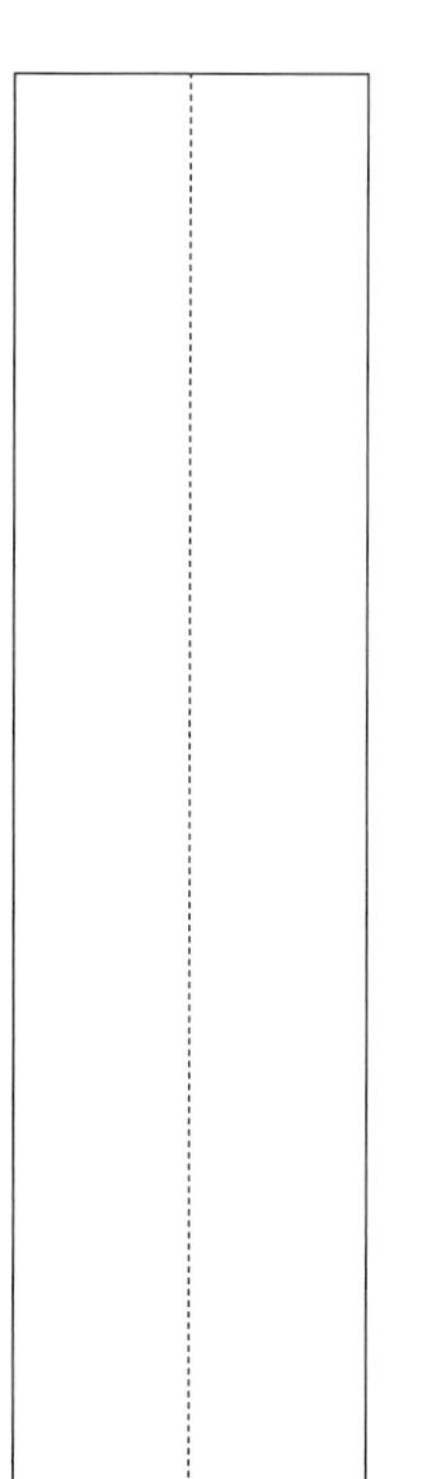

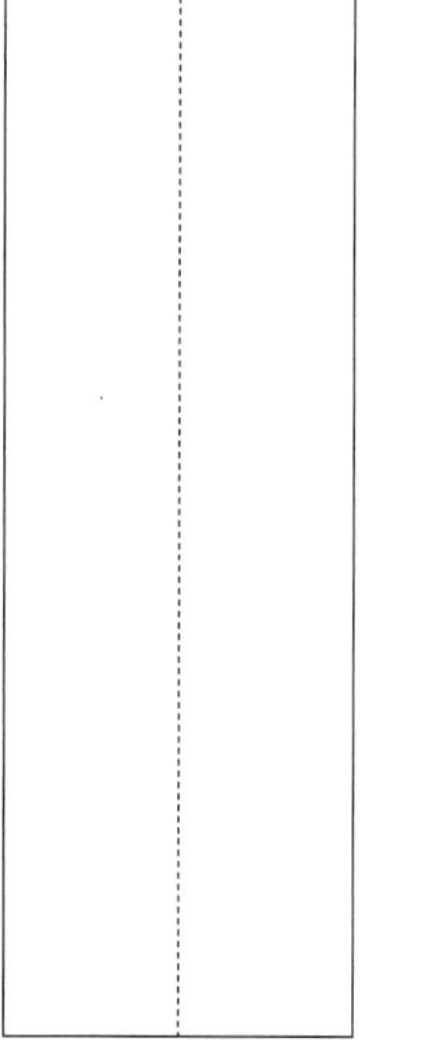

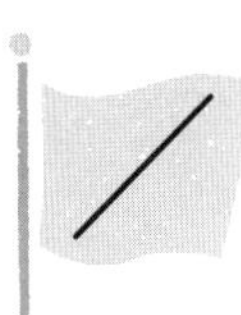

11 ことわざかるた ①

名前

✿ 上のことわざと正しい意味を表すものを線でむすびましょう。

① 他山の石 ・　・(ア) ちがいはあるが大してさはない。にたりよったりである。

② 五十歩百歩 ・　・(イ) 二者があらそっているすきに、第三者がりえきを横取りする。

③ 蛍雪の功 ・　・(ウ) 一歩も後にひけないじょうたいに身をおいて、事に当たること。

④ 背水の陣 ・　・(エ) 止めようとしても止められないほどいきおいがはげしい様子。

⑤ 破竹の勢い ・　・(オ) 何度も出向いて礼をつくし、物事をたのむこと。

⑥ 三顧の礼 ・　・(カ) 苦ろうしながら勉学にはげむこと。

⑦ 漁夫の利 ・　・(キ) おさないころからの親しい友人。

⑧ 竹馬の友 ・　・(ク) 他人のつまらない行いやしっぱいも、自分をみがく助けとなる。

11 ことわざかるた ②

名前

上のことわざと正しい意味（いみ）を表（あらわ）すものを線でむすびましょう。

① 逆鱗（げきりん）
② 矛盾（むじゅん）
③ 助長（じょちょう）
④ 杜撰（ずさん）
⑤ 白眉（はくび）
⑥ 登竜門（とうりゅうもん）
⑦ 蛇足（だそく）
⑧ 推敲（すいこう）

（ア） とくにすぐれている物（もの）や人。
（イ） はげしくおこること。
（ウ） よけいなつけ足しのこと。
（エ） 物事（ものごと）のせい長や発（はっ）てんを助（たす）けること。
（オ） とっぱすれば出世（しゅっせ）につながる、むずかしいかん門（もん）。
（カ） 前後のつじつまが合わないこと。
（キ） 文章（ぶんしょう）を何度（なんど）もねり直すこと。
（ク） 物事がいいかげんで、まちがいが多いこと。

12 ふ号いろいろ ①

名前

❀ それぞれのふ号の読み方と意味を線でむすびましょう。

①

ふ号	読み方	意味
。	読点	(ア) 文の終わりに使う。
、 ，	句点	(イ) 文の中の意味の切れ目に使う。文を読みやすくする。

②

ふ号	読み方	意味
・	ダッシュ	(ア) ①せつ明をおぎなう、②言い切らず、とちゅうで止めるときに使う。
―	中点	(イ) 言葉をならべる場合に使う。

③

ふ号	読み方	意味
（　）	かっこ	(ア) ①漢字・えい語の読み方、②内ようのせつ明、③思ったことに使う。
「　」	かぎかっこ	(イ) ①会話、②本の名前・題名、③思ったこと、④ほかと区べつするときに使う。

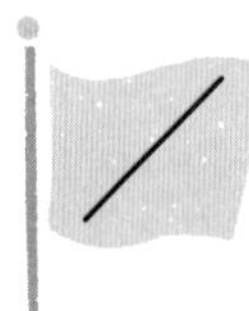

12 ふ号いろいろ ②

名前

ふ号(ごう)をなぞり書きしましょう。

（よし、今だ）

その時――

「行くぞ」。

ノブ・ナーガは、いっきに

がけをかけおりた。

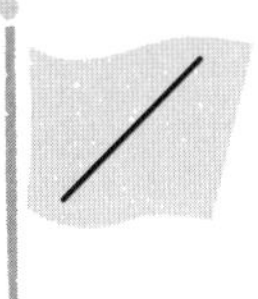

13 漢字のへんとつくり ①

名前

　／

✿ 「へん」の形と、よび方を線でむすびましょう。

(1)

①	②	③	④	⑤
氵	冫	衤	礻	彳
にすい	さんずい	しめすへん	ころもへん	ぎょうにんべん

(2)

①	②	③	④	⑤
言	扌	亻	禾	木
てへん	ごんべん	にんべん	きへん	のぎへん

13

漢字のへんとつくり ②

名前

「つくり」の形と、よび方を線でむすびましょう。

(1)

① 又　② 殳　③ 隹　④ 頁　⑤ 刀

① るまた　② また　③ おおがい　④ ふるとり　⑤ かたな

(2)

① 刂　② 卩　③ 力　④ 攵　⑤ 欠

① ふしづくり　② りっとう　③ ちから　④ かける　⑤ のぶん

13 漢字のへんとつくり ③

名前

同じ部首をもつ漢字を書きましょう。

① 糸 いとへん

② 禾 のぎへん

③ 亻 にんべん

④ 金 かねへん

⑤ 心 こころ

⑥ 艹 くさかんむり

⑦ 扌 てへん

⑧ 彳 ぎょうにんべん

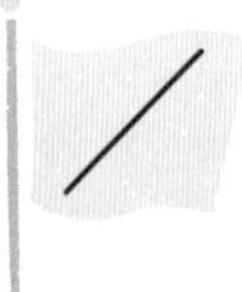

13 漢字のへんとつくり ④

名前

同じ部首をもつ漢字を書きましょう。

① たけかんむり ⺮

③ さんずい 氵

⑤ きへん 木

⑦ うかんむり 宀

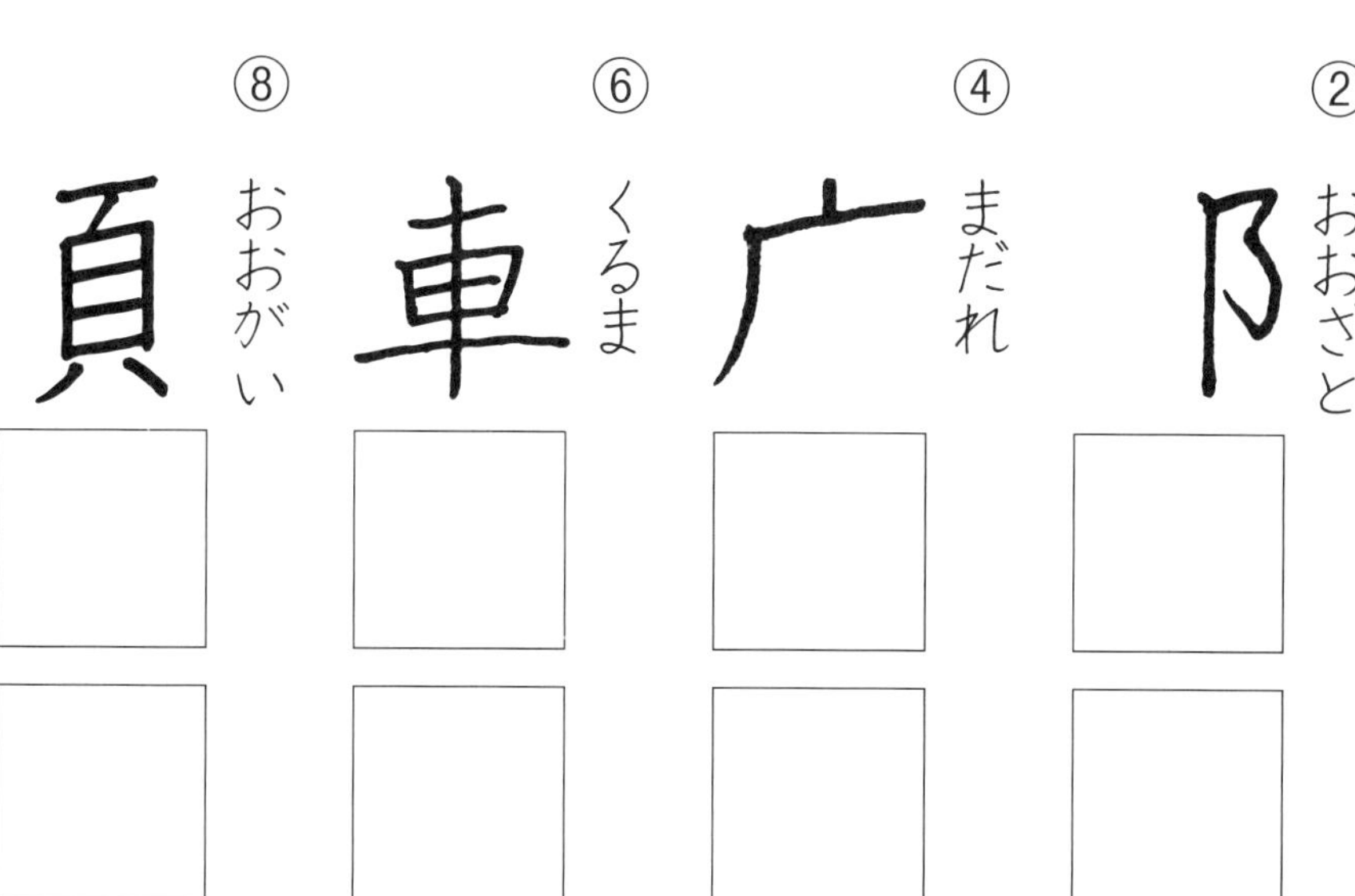

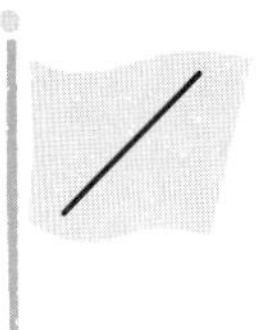

14 音読みと訓読み ①

名前

漢字（かんじ）の「音読み」と「訓読（くんよ）み」を書きましょう。

① 習字を習う。

② 動物が動く。

③ 人物の物語。

④ 大事な事。

⑤ 館は洋館だ。

⑥ 大使を使う。

⑦ 深海は深い。

⑧ 苦味を味わう。

⑨ 体調を調べる。

⑩ 平たく平等。

漢字は中国で生まれ、日本につたわってきました。そのため、二通りの読み方があります。

14 音読みと訓読み ②

名前

漢字(かんじ)の「音読み」と「訓読み(くんよみ)」を書きましょう。

① 次の目次。

② 表に表れる。

③ 表紙に表す。

④ 氷山の氷。

⑤ 温める温度。

⑥ 野球の球。

⑦ 決行を決める。

⑧ 調整が整う。

⑨ 相手と相談。

⑩ 落葉は落ちる葉(は)。

14 音読みと訓読み ③

名前

漢字の「音読み」と「訓読み」を書きましょう。

① 全校が全て。

② 短さが短所。

③ 上着を着る。

④ 着地点に着く。

⑤ 遊園地で遊ぶ。

⑥ 世紀まつの世。

⑦ 横むきに横転。

⑧ 指を指す。

⑨ 指で指名。

⑩ 安らかな安心。

14 音読みと訓読み ④

名前

漢字(かんじ)の「音読み」と「訓読み(くんよ)」を書きましょう。

① 運を運ぶ。

② 緑色の緑茶。

③ 返事を返す。

④ 住所に住む。

⑤ 悪い悪人。

⑥ 所持品を持つ。

⑦ 方向に向かう。

⑧ 悲しい悲鳴。

⑨ 旅路の路線。

⑩ 水泳で泳ぐ。

15 同じ読み ちがう字 ①

名前

同じ読みでも、意味（いみ）がちがう字を書き分けます。
――線のついた言葉（ことば）に当てはまる漢字（かんじ）を書きましょう。

① きゅう本ある。／きゅうは丸い。

② 朝がはやい。／足がはやい。

③ みんなにあう。／こたえがあう。

④ 服をきる。／紙をきる。

⑤ ドアがあく。／せきがあく。

⑥ ふくわらい。／ふくを着（き）る。

⑦ はをみがく。／アサガオのは。

⑧ 本をかえす。／家にかえる。

⑨ きゅうの形。／きゅうな話だ。

15 同じ読み　ちがう字 ②

名前

同じ読みでも、意味がちがう字を書き分けます。
——線のついた言葉に当てはまる漢字を書きましょう。

①
かわのながれ。
バナナのかわ。

②
セミをおう。
きずをおう。

③
笛のねを聞く。
大きな木のね。

④
はながさく。
ゾウのはな。

⑤
門をあける。
夜があける。

⑥
木のみをとる。
みを守る。

⑦
せんをひく。
せん円さつ。

⑧
二かいの部屋。
二かい目です。

⑨
テレビきょく。
楽しいきょく。

15 同じ読み　ちがう字 ③

名前

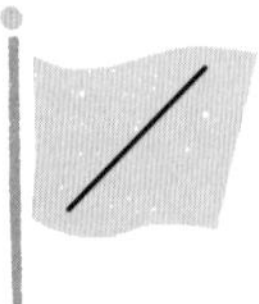

✿ (ア)、(イ)の□に正しい漢字を書きましょう。

①　せいめい　［声明　生命］

(ア) 大切な□□を守る。

(イ) □□を発表する。

③　きしゃ　［汽車　記者］

(ア) 新聞□□になる。

(イ) □□に乗る。

⑤　こうじょう　［工場　向上］

(ア) 学力が□□する。

(イ) □□を見学する。

②　はっそう　［発想　発送］

(ア) 荷物を□□する。

(イ) すばらしい□□だ。

④　きゅうこう　［急行　休校］

(ア) 今日は□□です。

(イ) □□に乗る。

⑥　きたい　［気体　期待］

(ア) み来に□□する。

(イ) □□が発生する。

15 同じ読み　ちがう字 ④

名前

✿ (ア)、(イ)の□に正しい漢字（かんじ）を書きましょう。

① じゅうびょう　重病　十秒

(ア) 計算を□□でした。

(イ) □□がなおった。

③ いいん　委員　医院

(ア) 近所（きんじょ）の□□へ通う。

(イ) □□会の仕事。

⑤ どうてん　同点　動転

(ア) 気が□□する。

(イ) □□にならぶ。

② かいてん　回転　開店

(ア) 九時に□□する。

(イ) 空中で□□する。

④ ぜんしん　全身　前進

(ア) 少し□□する。

(イ) □□を使（つか）う。

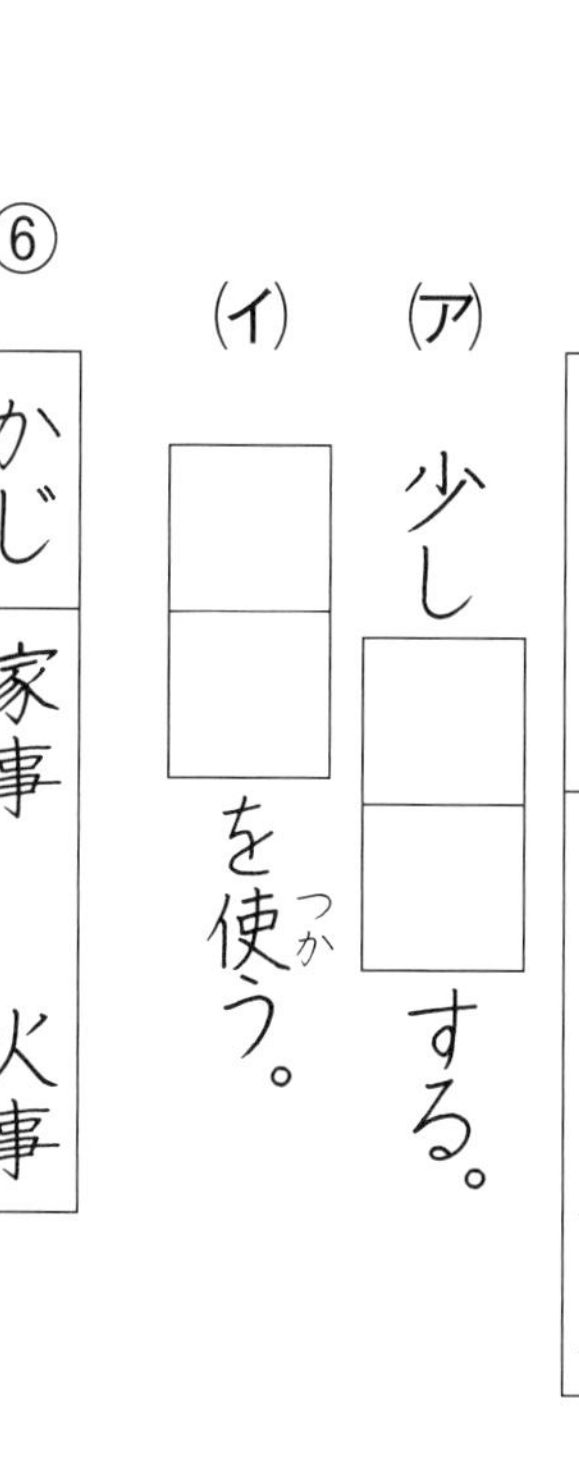

⑥ かじ　家事　火事

(ア) 近所で□□が発生（はっせい）。

(イ) □□を手つだう。

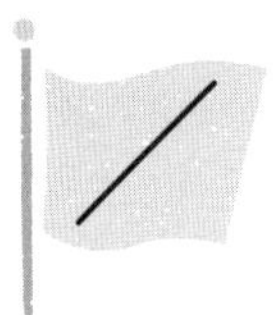

16 ペアじゅく語づくり ①

名前

一つの漢字(かんじ)から、二つのじゅく語を作りましょう。

① 詩□（し しゅう）　□詩（かん し）

② 習□（しゅう じ）　□習（がく しゅう）

③ 商□（しょう ばい）　商□（しょう ぎょう）

④ 動□（どう ぶつ）　□動（こう どう）

⑤ 物□（もの がたり）　□物（しょ もつ）

⑥ 開□（かい てん）　開□（かい かい）

⑦ □族（しん ぞく）　□族（か ぞく）

⑧ □葉（こと ば）　□葉（らく よう）

⑨ 実□（じつ りょく）　□実（じ じつ）

⑩ □所（じゅう しょ）　□所（ば しょ）

⑪ □面（ひょう めん）　□面（ば めん）

⑫ 登□（とう じょう）　登□（と ざん）

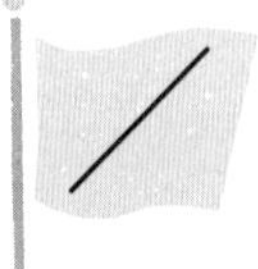

16 ペアじゅく語づくり ②

名前

一つの漢字（かんじ）から、二つのじゅく語を作りましょう。

① □事（き・じ）　□事（だい・じ）

② 館□（かん・ない）　□館（きゅう・かん）

③ □号（き・ごう）　□号（ばん・ごう）

④ 使□（し・よう）　□使（たい・し）

⑤ 深□（しん・かい）　□深（すい・しん）

⑥ 意□（い・がい）　意□（い・けん）

⑦ □味（じ・み）　□味（い・み）

⑧ 由□（ゆ・らい）　□由（じ・ゆう）

⑨ 温□（おん・ど）　□温（き・おん）

⑩ 漢□（かん・じ）　漢□（かん・ぽう）

⑪ □調（たい・ちょう）　調□（ちょう・り）

⑫ 酒□（さか・や）　□酒（いん・しゅ）

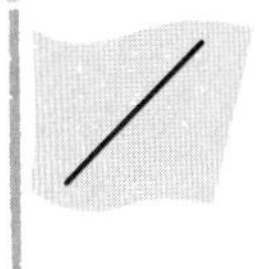

16 ペアじゅく語づくり③

名前

✿ 一つの漢字（かんじ）から、二つのじゅく語を作りましょう。

① もん だい：問［　］　とん や：問［　］

② だい めい：題［　］　しゅ だい：［　］題

③ ぶん しょう：［　］章　がく しょう：［　］章

④ へい き：平［　］　すい へい：［　］平

⑤ じ なん：次［　］　もく じ：［　］次

⑥ むかし ばなし：昔［　］　おお むかし：［　］昔

⑦ ひょう し：表［　］　はっ ぴょう：［　］表

⑧ しゅっ ぱつ：［　］発　はつ おん：発［　］

⑨ けん どう：県［　］　けん がい：県［　］

⑩ ゆう めい：有［　］　しょ ゆう：［　］有

⑪ ひょう ざん：氷［　］　りゅう ひょう：［　］氷

⑫ まい びょう：［　］秒　じゅう びょう：［　］秒

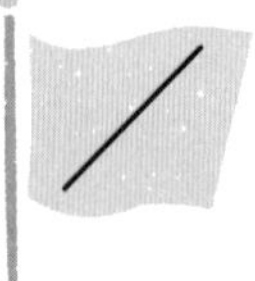

16 ペアじゅく語づくり④

名前

一つの漢字(かんじ)から、二つのじゅく語を作りましょう。

① 農□（のう ぎょう）　農□（のう か）

② □球（や きゅう）　□球（ち きゅう）

③ 局□（きょく めん）　局□（きょく しょ）

④ 決□（けっ しょう）　決□（けつ い）

⑤ 整□（せい り）　□整（ちょう せい）

⑥ 相□（そう だん）　相□（あい て）

⑦ 落□（らっ か）　□落（げ らく）

⑧ 着□（ちゃく ち）　着□（ちゃく よう）

⑨ 洋□（よう ふく）　洋□（よう しょく）

⑩ 服□（ふく やく）　□服（ない ふく）

⑪ 遊□（ゆう ぐ）　遊□（ゆう えい）

⑫ 全□（ぜん たい）　全□（ぜん ぶ）

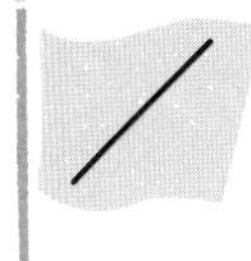

16 ペアじゅく語づくり ⑤

名前

一つの漢字（かんじ）から、二つのじゅく語を作りましょう。

① 短□（たんしょ）　□短（ちょうたん）

② 世□（せかい）　世□（せけん）

③ □界（たかい）　□界（げかい）

④ 横□（おうてん）　横□（おうこう）

⑤ 指□（しめい）　指□（してい）

⑥ 鉄□（てっぱん）　鉄□（てつぶん）

⑦ 安□（あんしん）　安□（あんてい）

⑧ 様□（ようす）　□様（しよう）

⑨ 運□（うんどう）　運□（うんてん）

⑩ 予□（よてい）　予□（よそう）

⑪ 返□（へんじ）　返□（へんれい）

⑫ 緑□（りょくちゃ）　□緑（きみどり）

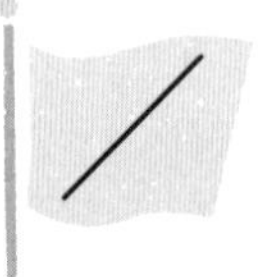

16 ペアじゅく語づくり ⑥

名前

一つの漢字(かんじ)から、二つのじゅく語を作りましょう。

① 送(そう)□(でん)　□(はっ)送(そう)

② 住(じゅう)□(みん)　住(じゅう)□(にん)

③ 感(かん)□(そう)　感(かん)□(しん)

④ □(し)想(そう)　□(り)想(そう)

⑤ □(どう)具(ぐ)　具(ぐ)□(たい)

⑥ 悪(あく)□(よう)　悪(あっ)□(か)

⑦ □(なが)湯(ゆ)　湯(ゆ)□(みず)

⑧ 持(じ)□(びょう)　□(しょ)持(じ)

⑨ 向(こう)□(じょう)　□(ほう)向(こう)

⑩ □(だい)豆(ず)　□(ち)豆(まめ)

⑪ 箱(はこ)□(にわ)　□(き)箱(ばこ)

⑫ 悲(ひ)□(めい)　悲(ひ)□(うん)

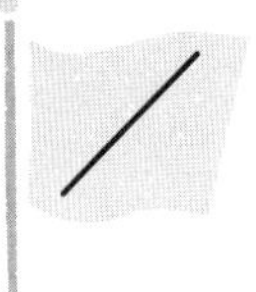

16 ペアじゅく語づくり⑦

名前

一つの漢字(かんじ)から、二つのじゅく語を作りましょう。

① たい・岸 / がん　かい・□ / がん・岸

② ろ・路 / せん　たび・□ / じ・路

③ ち・□ / く・区　く・区 / かん

④ たい・□ / よう・陽　よう・陽 / き

⑤ えん・□ / えい・泳　すい・□ / えい・泳

⑥ れん・練 / しゅう　れん・練 / たん

⑦ じょ・助 / げん　じょ・助 / りょく

⑧ どう・童 / わ　がく・□ / どう・童

⑨ じん・神 / じゃ　しん・神 / わ

⑩ し・仕 / ごと　し・仕 / ぐさ

⑪ しん・身 / たい　しん・身 / ちょう

⑫ しな・品 / もの　しょう・□ / ひん・品

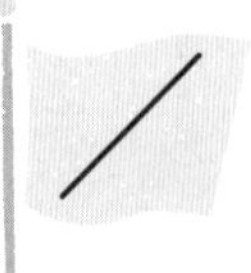

16

ペアじゅく語づくり ⑧

名前

✿ 一つの漢字(かんじ)から、二つのじゅく語を作りましょう。

① ぎん［銀］こう［　］　／　はく［　］ぎん［銀］

② しゅう［終］じつ［　］　／　しゅう［終］てん［　］

③ らい［　］きゃく［客］　／　きゃく［客］せん［　］

④ しょう［　］きょ［去］　／　きょ［去］ねん［　］

⑤ もう［　］ひつ［筆］　／　ひっ［筆］き［　］

⑥ しき［式］じょう［　］　／　こう［　］しき［式］

⑦ しょく［植］ぶつ［　］　／　うえ［植］き［　］

⑧ しゅう［集］ごう［　］　／　ぜん［　］しゅう［集］

⑨ ぶん［　］か［化］　／　か［化］せき［　］

⑩ し［死］しゃ［　］　／　せい［　］し［死］

⑪ と［都］かい［　］　／　つ［都］ごう［　］

⑫ りょう［両］しん［　］　／　しゃ［　］りょう［両］

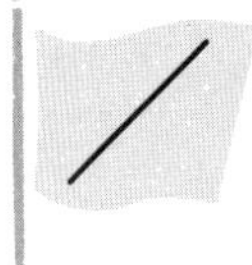

16 ペアじゅく語づくり ⑨

名前

一つの漢字（かんじ）から、二つのじゅく語を作りましょう。

① 屋（おく）□（じょう）　□（こ）屋（や）

② 対（たい）□（わ）　□（はん）対（たい）

③ □（しょう）負（ぶ）　□（せい）負（ふ）

④ □（ぜん）員（いん）　□（てん）員（いん）

⑤ □（しょ）写（しゃ）　写（しゃ）□（しん）

⑥ 真（しん）□（じつ）　真（ま）□（なつ）

⑦ 祭（さい）□（じつ）　祭（さい）□（じょう）

⑧ 部（ぶ）□（いん）　□（ぜん）部（ぶ）

⑨ 速（そく）□（ど）　□（じ）速（そく）

⑩ 打（だ）□（きゅう）　打（だ）□（しゃ）

⑪ 放（ほう）□（そう）　□（かい）放（ほう）

⑫ □（でん）波（ぱ）　波（なみ）□（かぜ）

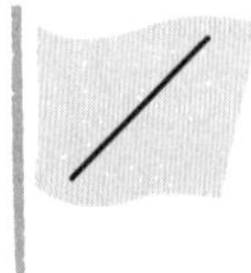

16 ペアじゅく語づくり ⑩

名前

一つの漢字（かんじ）から、二つのじゅく語を作りましょう。

① 油□（あぶら　え）　□油（せき　ゆ）

② □柱（えん　ちゅう）　□柱（でん　ちゅう）

③ □板（こく　ばん）　□板（ごう　はん）

④ □港（くう　こう）　港□（みなと　まち）

⑤ 起□（き　りつ）　起□（き　ぎょう）

⑥ 列□（れっ　しゃ）　□列（ぎょう　れつ）

⑦ 乗□（じょう　しゃ）　乗□（じょう　きゃく）

⑧ 急□（きゅう　よう）　□急（そう　きゅう）

⑨ 追□（つい　ほう）　追□（つい　きゅう）

⑩ □血（し　けつ）　□血（しゅっ　けつ）

⑪ 暗□（あん　き）　暗□（あん　ごう）

⑫ □橋（いし　ばし）　□橋（てっ　きょう）

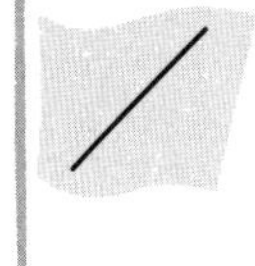

16 ペアじゅく語づくり ⑪

名前

一つの漢字(かんじ)から、二つのじゅく語を作りましょう。

① 暑(しょ)□(ちゅう)　暑(しょ)□(き)

② 寒(かん)□(き)　寒(さむ)□(ぞら)

③ 軽(けい)□(しょく)　軽(かる)□(いし)

④ □(せい)命(めい)　命(めい)□(ちゅう)

⑤ □(し)第(だい)　第(だい)□(いち)

⑥ 主(しゅ)□(ご)　主(しゅ)□(たい)

⑦ □(ほん)州(しゅう)　□(きゅう)州(しゅう)

⑧ 根(こん)□(き)　□(や)根(ね)

⑨ 流(りゅう)□(こう)　流(りゅう)□(つう)

⑩ 荷(に)□(もつ)　□(おも)荷(に)

⑪ 君(くん)□(しゅ)　君(くん)□(し)

⑫ □(だい)所(どころ)　□(じゅう)所(しょ)

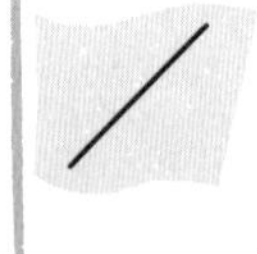

16 ペアじゅく語づくり ⑫

名前

一つの漢字(かんじ)から、二つのじゅく語を作りましょう。

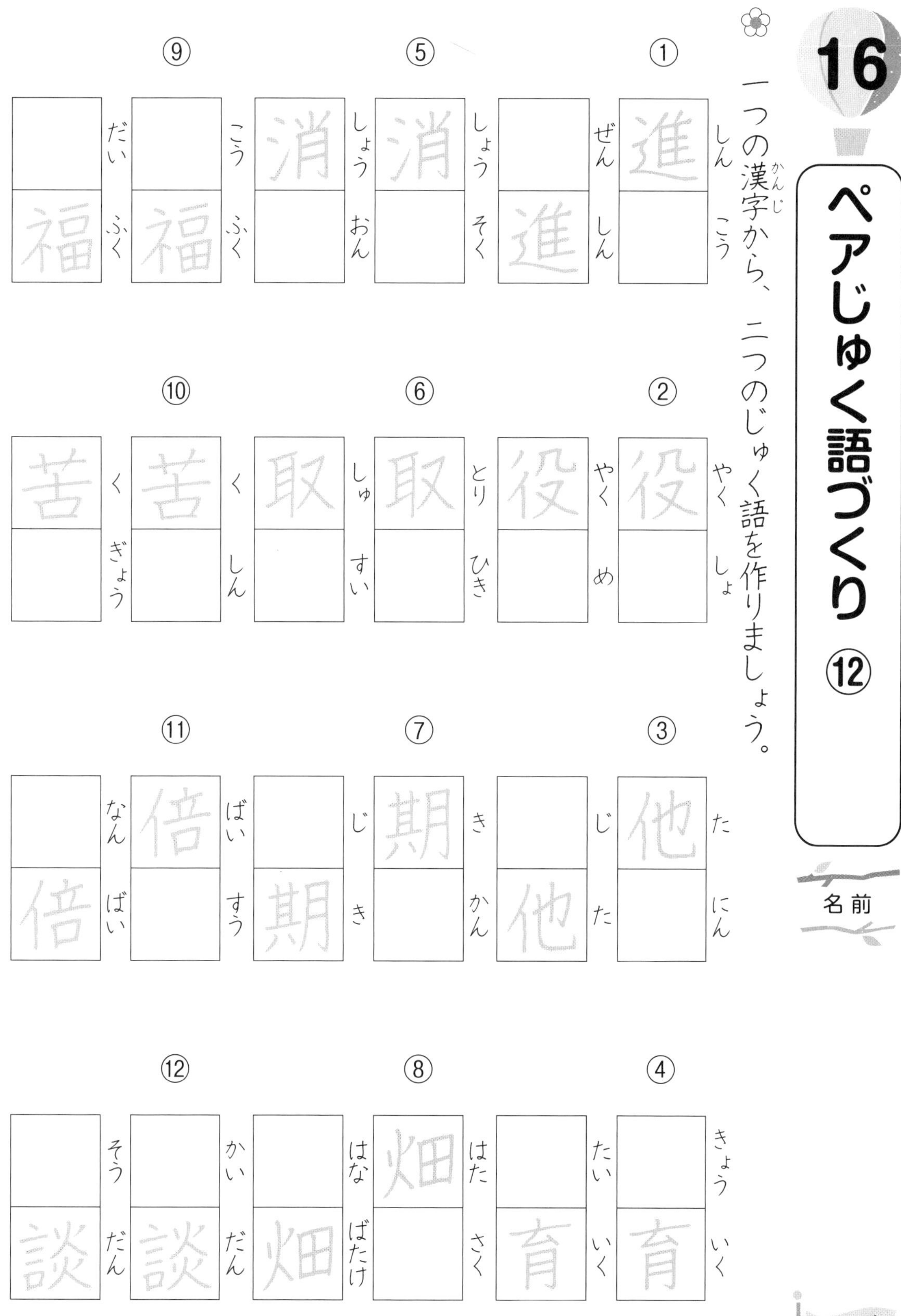

16

ペアじゅく語づくり⑬

名前

一つの漢字(かんじ)から、二つのじゅく語を作りましょう。

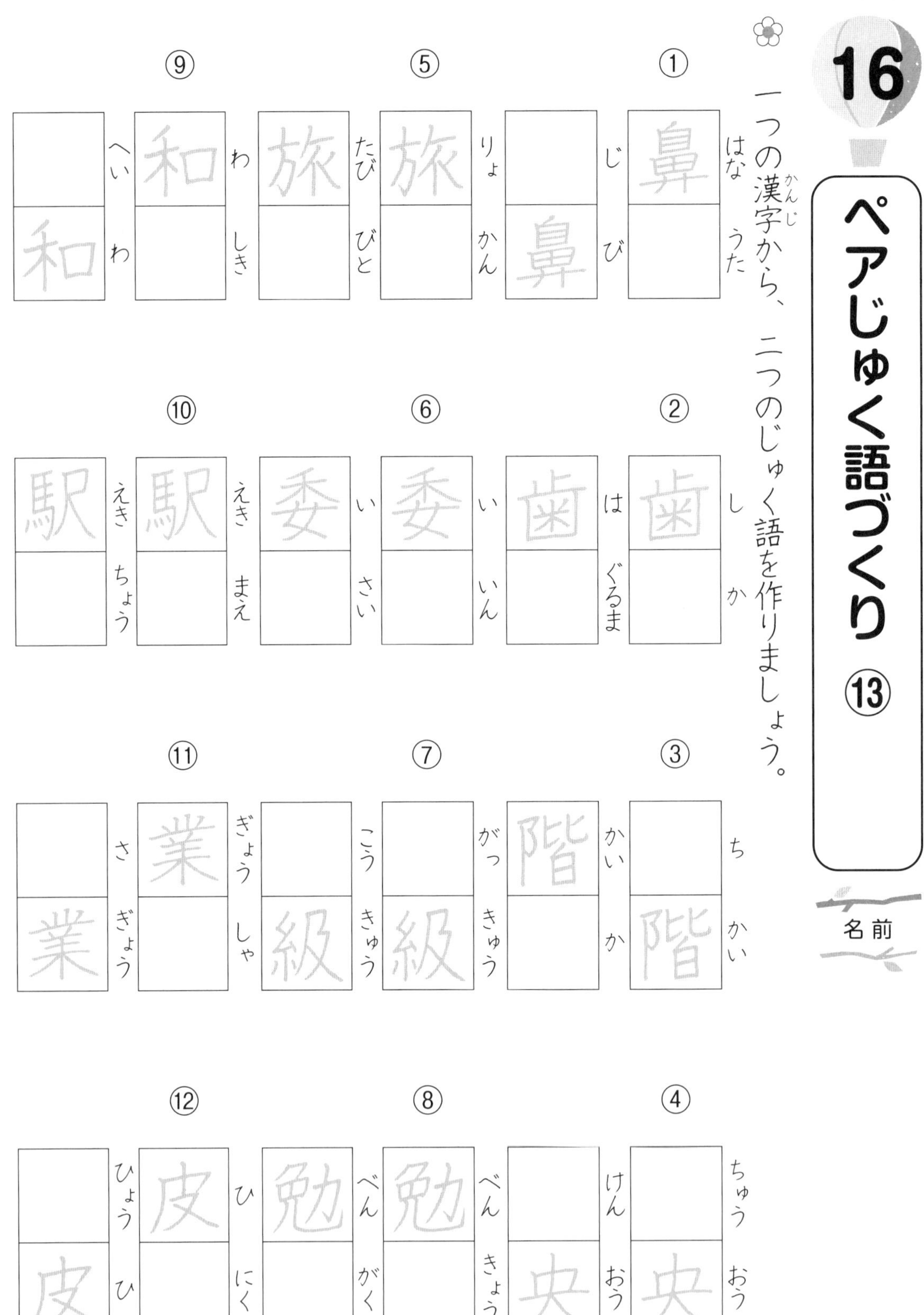

16 ペアじゅく語づくり ⑭

名前

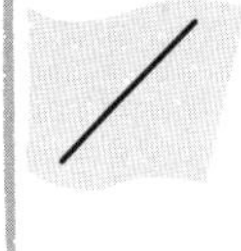

✿ 一つの漢字（かんじ）から、二つのじゅく語を作りましょう。

① 美（び）□（か）　美（び）□（せい）

② □（しょう）息（そく）　□（あん）息（そく）

③ □（こ）皿（ざら）　□（え）皿（ざら）

④ □（かい）転（てん）　転（てん）□（そう）

⑤ 病（びょう）□（き）　□（じゅう）病（びょう）

⑥ 医（い）□（しゃ）　医（い）□（がく）

⑦ □（たい）重（じゅう）　□（けい）重（ちょう）

⑧ 飲（いん）□（しょく）　飲（いん）□（よう）

⑨ 薬（やく）□（ひん）　□（め）薬（ぐすり）

⑩ 幸（こう）□（うん）　□（た）幸（こう）

⑪ □（け）配（はい）　□（しん）配（ぱい）

⑫ 度（ど）□（あい）　□（こん）度（ど）

16

ペアじゅく語づくり ⑮

名前

✿ 一つの漢字(かんじ)から、二つのじゅく語を作りましょう。

① ねん □ し 始／かい □ し 始

② れっ □ とう 島／はん □ とう 島

③ き □ たい 待／まち 待 あい □

④ じ □ だい 代／こう □ たい 代

⑤ きょく 曲 せん □／さっ □ きょく 曲

⑥ じゅ 受 ちゅう □／じゅ 受 り □

⑦ せき □ たん 炭／すみ 炭 び □

⑧ とう 投 しゅ □／とう 投 しょ □

⑨ きん □ こ 庫／しゃ □ こ 庫

⑩ よう 羊 もう □／よう 羊 ひ □

⑪ しょう 勝 しゃ □／らく □ しょう 勝

⑫ しゅく 宿 だい □／やど 宿 や □

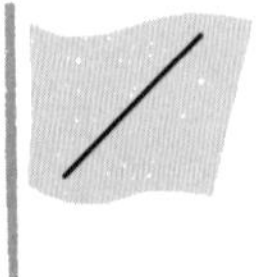

16 ペアじゅく語づくり ⑯

名前

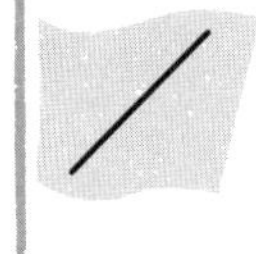

一つの漢字（かんじ）から、二つのじゅく語を作りましょう。

① ちょう 帳 ／ めん □　　き □ ／ ちょう 帳

② じ □ ／ いん 院　　びょう □ ／ いん 院

③ おう □ ／ きゅう 宮　　みや 宮 ／ け □

④ き □ ／ てき 笛　　くち □ ／ ぶえ 笛

⑤ れい 礼 ／ きん □　　れい 礼 ／ ふく □

⑥ けん □ ／ きゅう 究　　きゅう 究 ／ めい □

⑦ こう □ ／ てい 庭　　か □ ／ てい 庭

⑧ こ 湖 ／ じょう □　　こ 湖 ／ すい □

⑨ じょう □ ／ とう 等　　とう 等 ／ ぶん □

⑩ ちゅう 注 ／ い □　　ちゅう 注 ／ もん □

⑪ はん 反 ／ たい □　　はん 反 ／ ぱつ □

⑫ おん □ ／ ぱ 波　　かん □ ／ ぱ 波

17 漢字クロス ①

名前

矢じるしの方向(ほうこう)にじゅく語ができるように、真ん中(まんなか)に漢字(かんじ)を当てはめましょう。

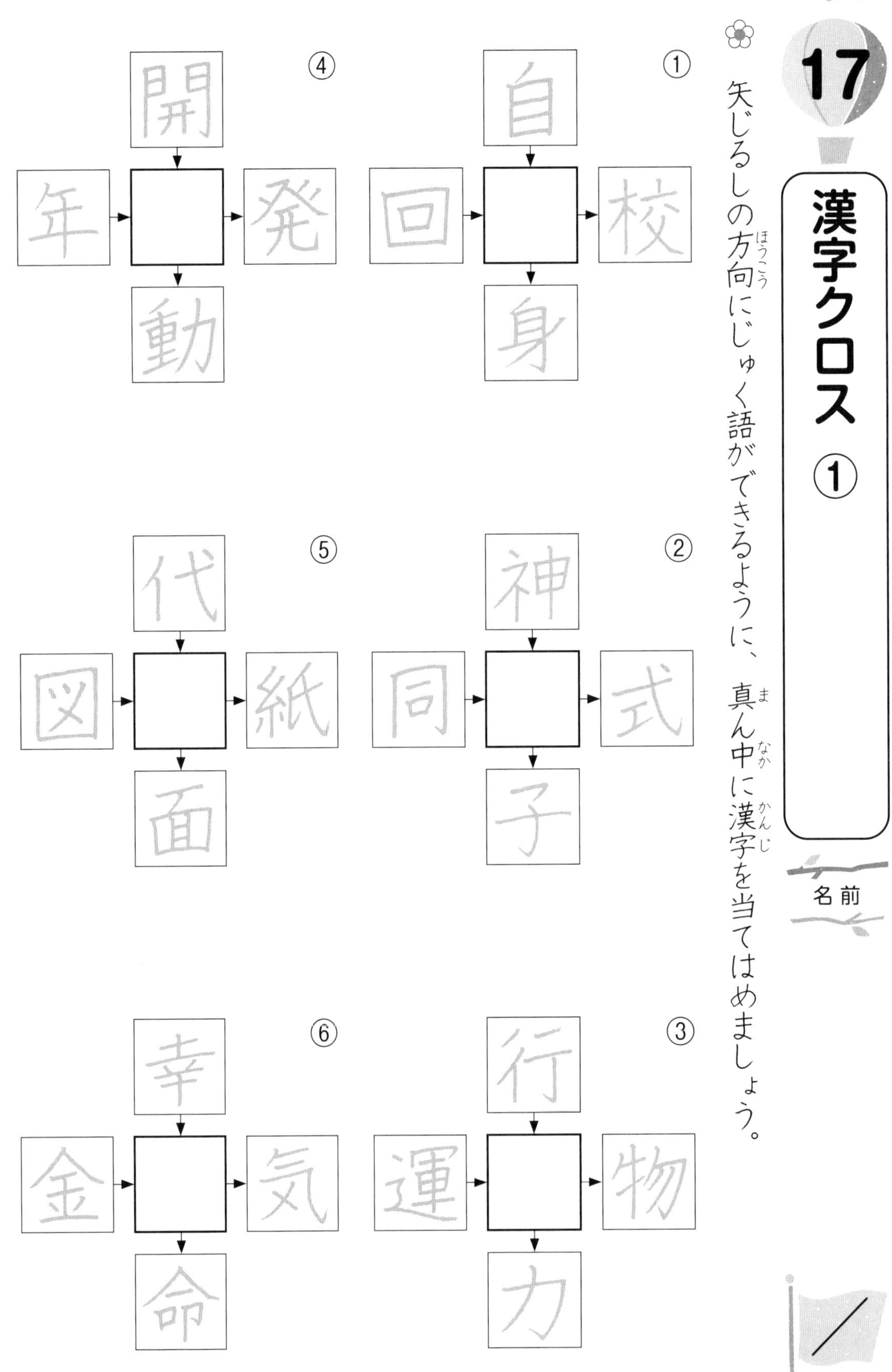

17 漢字クロス ②

名前

矢じるしの方向（ほうこう）にじゅく語ができるように、真ん中（まなか）に漢字（かんじ）を当てはめましょう。

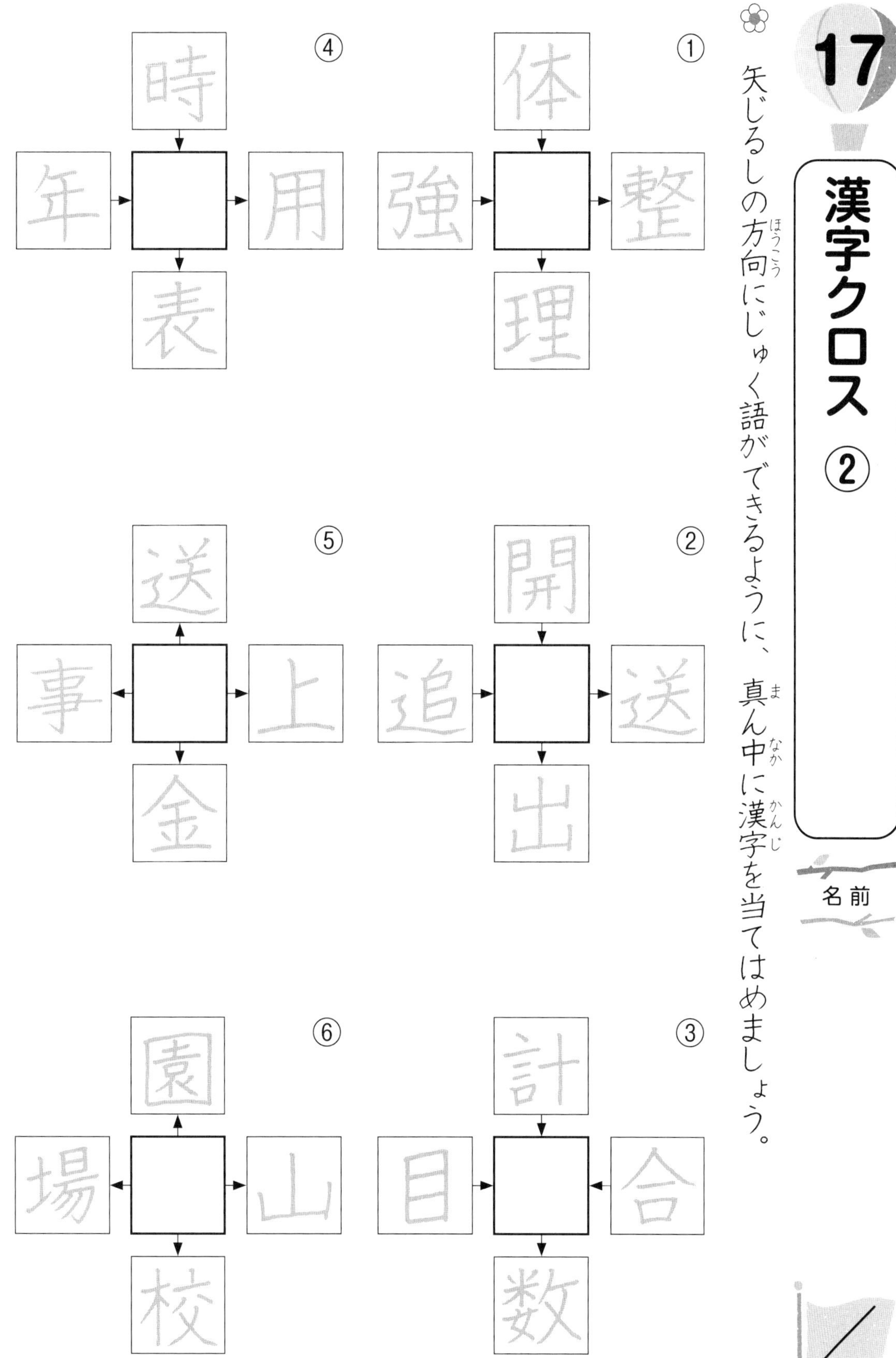

17 漢字クロス ③

名前

矢じるしの方向にじゅく語ができるように、真ん中に漢字を当てはめましょう。

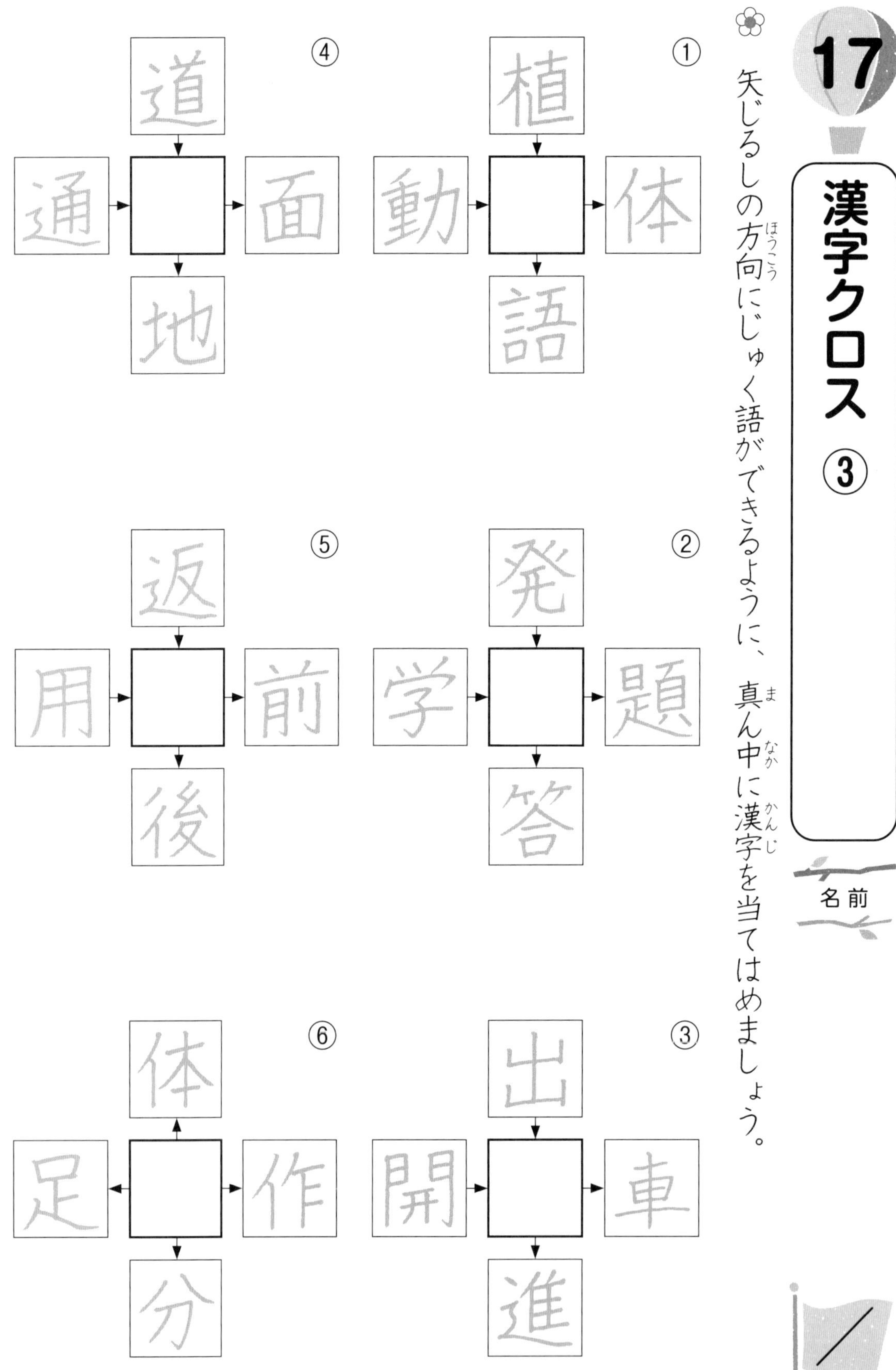

17 漢字クロス ④

名前

矢じるしの方向にじゅく語ができるように、真ん中に漢字を当てはめましょう。

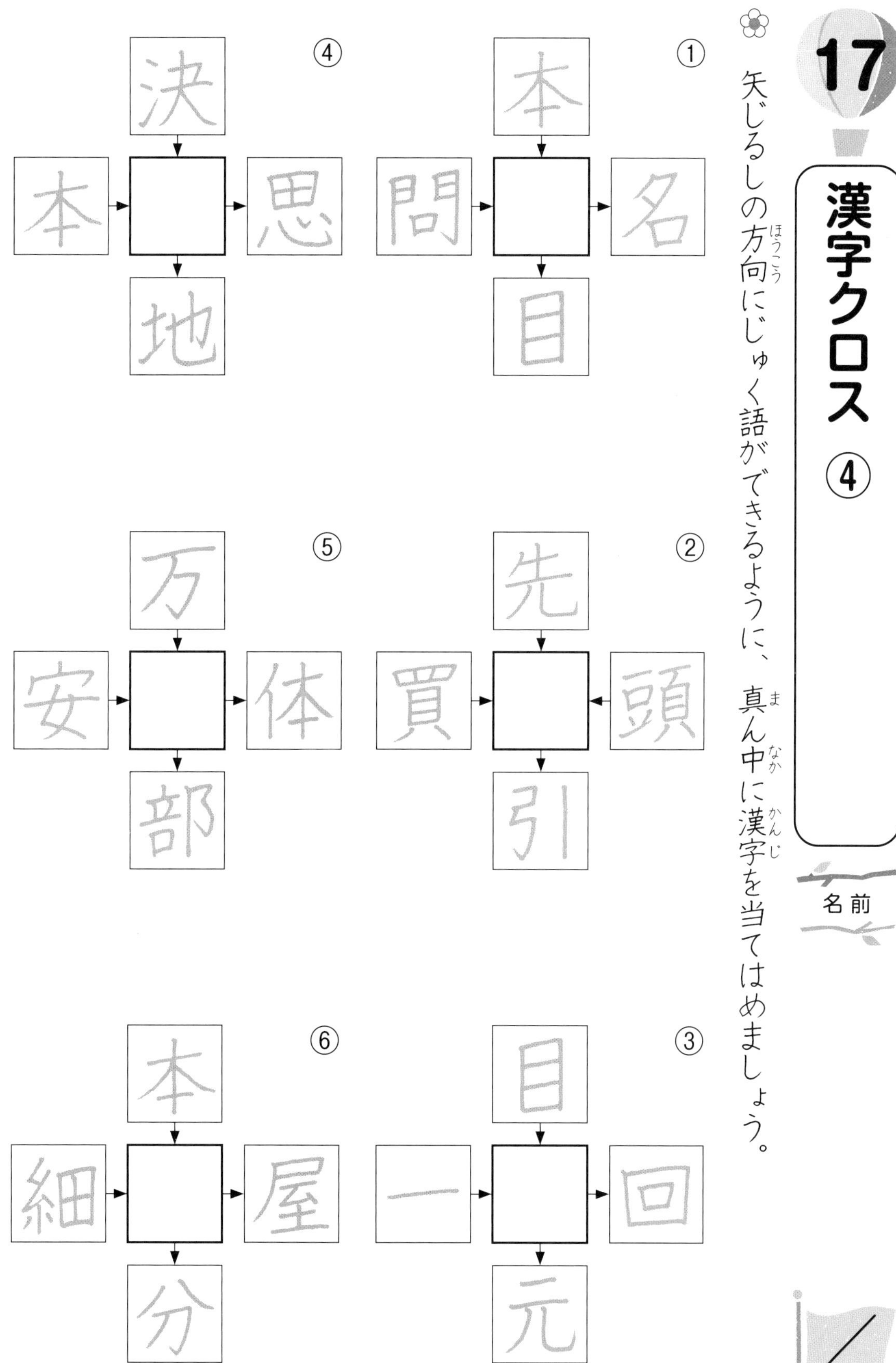

17

漢字クロス ⑤

名前

✿ 矢じるしの方向にじゅく語ができるように、真ん中に漢字を当てはめましょう。

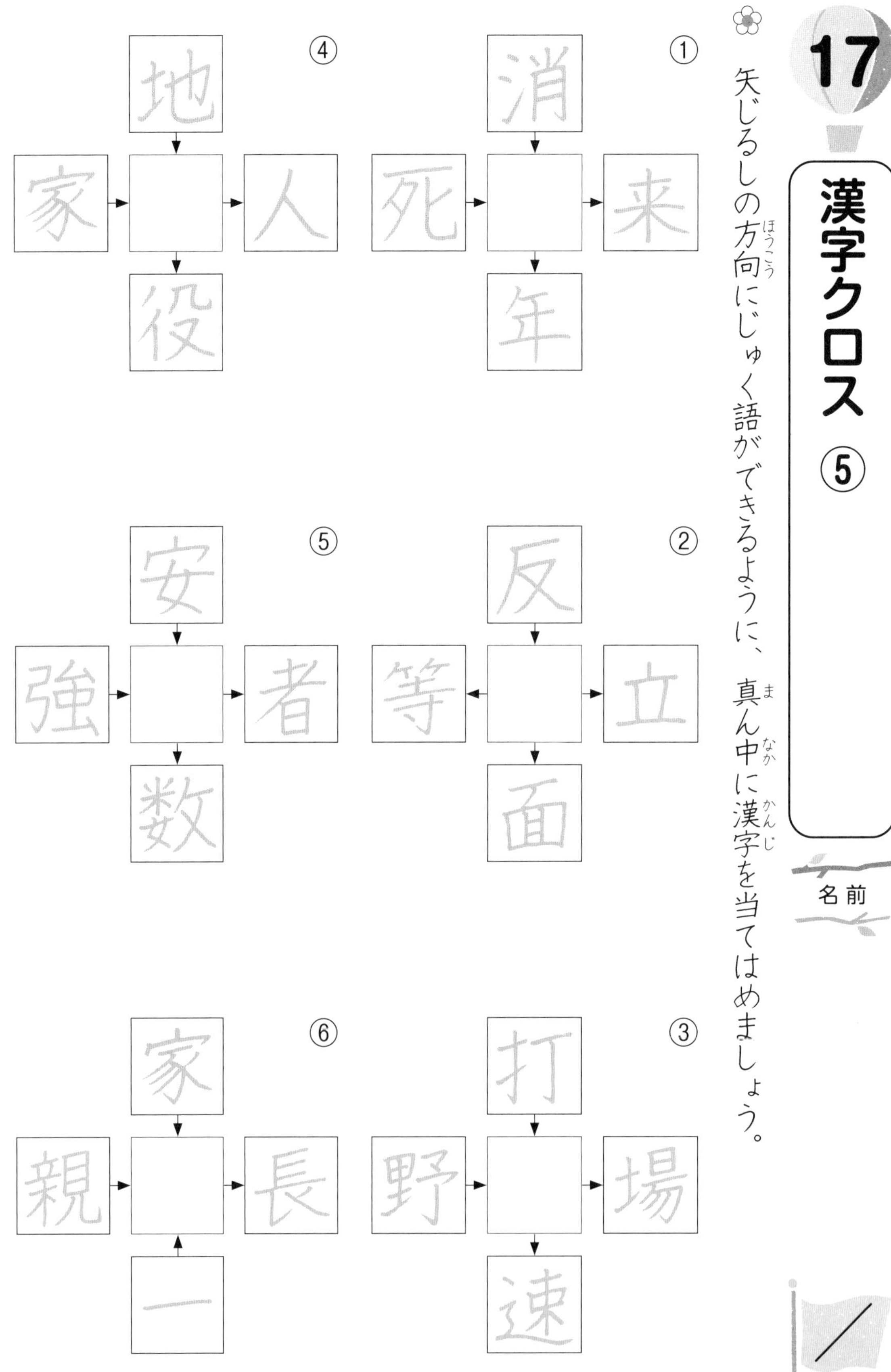

17 漢字クロス ⑥

名前

矢じるしの方向にじゅく語ができるように、真ん中に漢字を当てはめましょう。

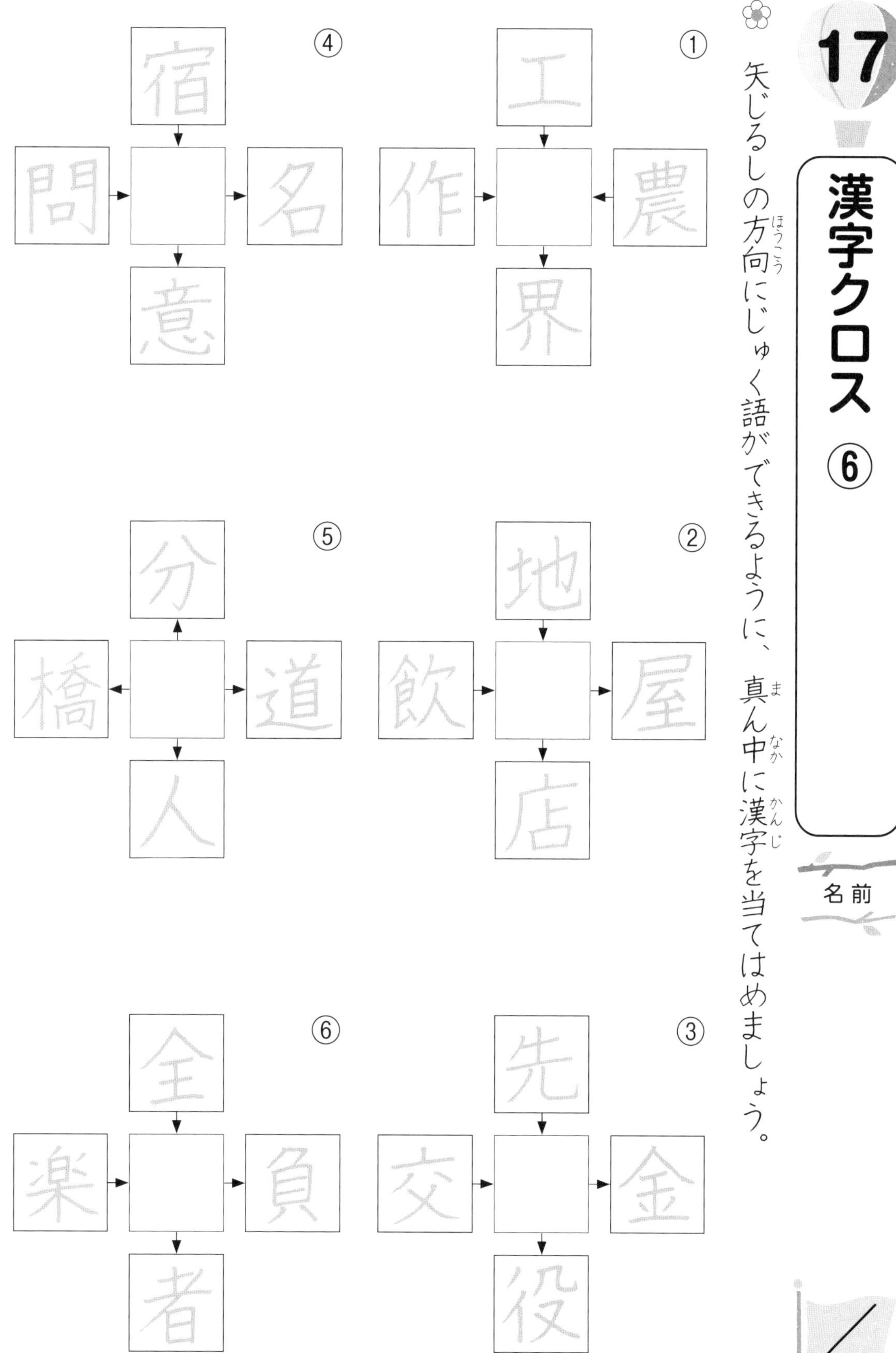

18 ローマ字を書こう ①

名前

ローマ字で表をうめましょう。

行	大文字	小文字	ア	イ	ウ	え	お			
	大文字		A	I	U	E	O			
		小文字	a	i	u	e	o			
ア	A	a	あ a	い i	う u	え e	お o			
カ	K	k	か ka	き ki	く ku	け ke	こ ko	きゃ kya	きゅ kyu	きょ kyo
サ	S	s	さ sa	し si (shi)	す su	せ se	そ so	しゃ sya (sha)	しゅ syu (shu)	しょ syo (sho)
タ	T	t	た ta	ち ti (chi)	つ tu (tsu)	て te	と to	ちゃ tya (cha)	ちゅ tyu (chu)	ちょ tyo (cho)
ナ	N	n	な na	に ni	ぬ nu	ね ne	の no	にゃ nya	にゅ nyu	にょ nyo
ハ	H	h	は ha	ひ hi	ふ hu (fu)	へ he	ほ ho	ひゃ hya	ひゅ hyu	ひょ hyo
マ	M	m	ま ma	み mi	む mu	め me	も mo	みゃ mya	みゅ myu	みょ myo
ヤ	Y	y	や ya		ゆ yu		よ yo			
ラ	R	r	ら ra	り ri	る ru	れ re	ろ ro	りゃ rya	りゅ ryu	りょ ryo
ワ	W	w	わ wa				を※ wo			
ン	N	n	ん n							
ガ	G	g	が ga	ぎ gi	ぐ gu	げ ge	ご go	ぎゃ gya	ぎゅ gyu	ぎょ gyo
ザ	Z	z	ざ za	じ zi (ji)	ず zu	ぜ ze	ぞ zo	じゃ zya (ja)	じゅ zyu (ju)	じょ zyo (jo)
ダ	D	d	だ da	ぢ※ di (zi)	づ※ du (zu)	で de	ど do	ぢゃ※ dya (zya)	ぢゅ※ dyu (zyu)	ぢょ※ dyo (zyo)
バ	B	b	ば ba	び bi	ぶ bu	べ be	ぼ bo	びゃ bya	びゅ byu	びょ byo
パ	P	p	ぱ pa	ぴ pi	ぷ pu	ぺ pe	ぽ po	ぴゃ pya	ぴゅ pyu	ぴょ pyo

※コンピュータに文字を入力するときに使（つか）います。　（「ん」はnnとします）

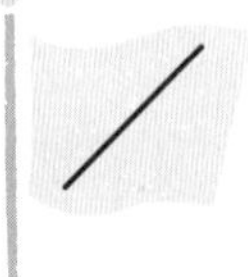

ローマ字で三回書きましょう。

ア 行

あ	a a a
い	i
う	u
え	e
お	o

カ 行　k＋ア行

か	ka ka ka
き	ki
く	ku
け	ke
こ	ko

サ 行　s＋ア行

さ	sa
し	si
す	su
せ	se
そ	so

タ 行　t＋ア行

た	ta
ち	ti
つ	tu
て	te
と	to

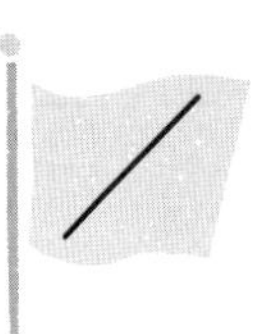

ローマ字で三回書きましょう。

ナ行　n＋ア行

な　na
に　ni
ぬ　nu
ね　ne
の　no

ハ行　h＋ア行

は　ha
ひ　hi
ふ　hu
へ　he
ほ　ho

マ行　m＋ア行

ま　ma
み　mi
む　mu
め　me
も　mo

ヤ行　y＋ア行

や　ya
ゆ　yu
よ　yo

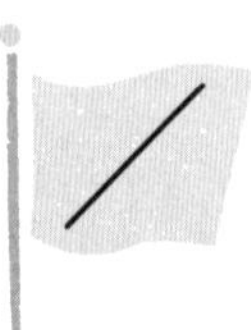

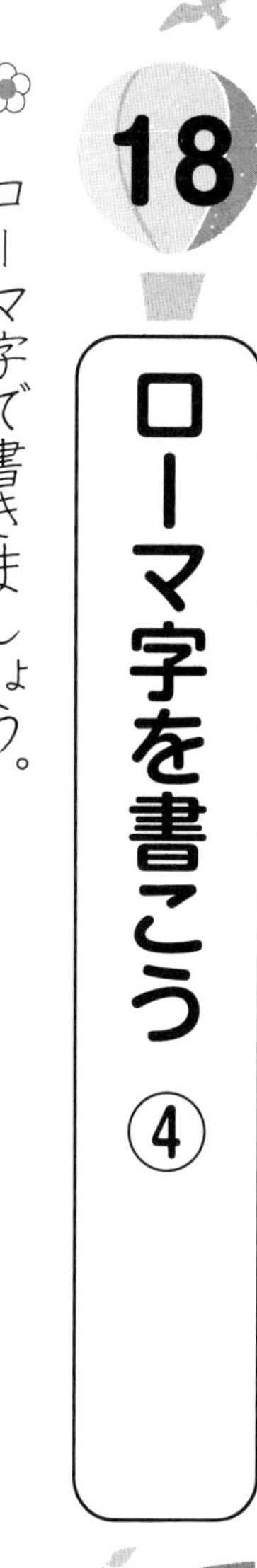

ローマ字で書きましょう。

ラ行　r＋ア行

ら　ra

り　ri

る　ru

れ　re

ろ　ro

ワ行　w＋ア行

わ　wa

を　wo

ん　n

ガ行　g＋ア行

が　ga

ぎ　gi

ぐ　gu

げ　ge

ご　go

ザ行　z＋ア行

ざ　za

じ　zi

ず　zu

ぜ　ze

ぞ　zo

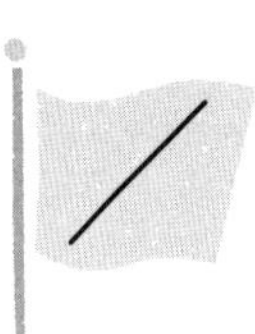

18 ローマ字を書こう ⑤

名前

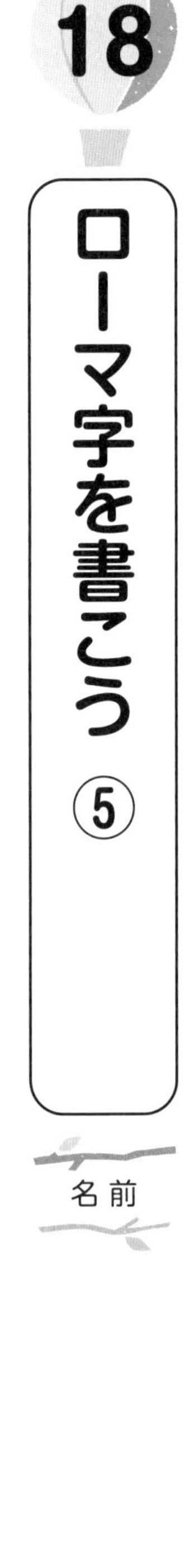

ローマ字で書きましょう。

ダ行　d+ア行

だ da
ぢ di
づ du
で de
ど do

バ行　b+ア行

ば ba
び bi
ぶ bu
べ be
ぼ bo

パ行　p+ア行

ぱ pa
ぴ pi
ぷ pu
ぺ pe
ぽ po

書き方が2つあるもの

し shi
ち chi
つ tsu
ふ fu
じ ji

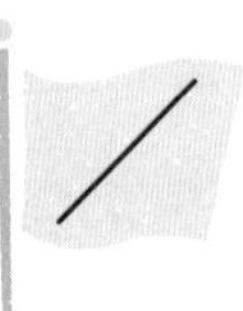

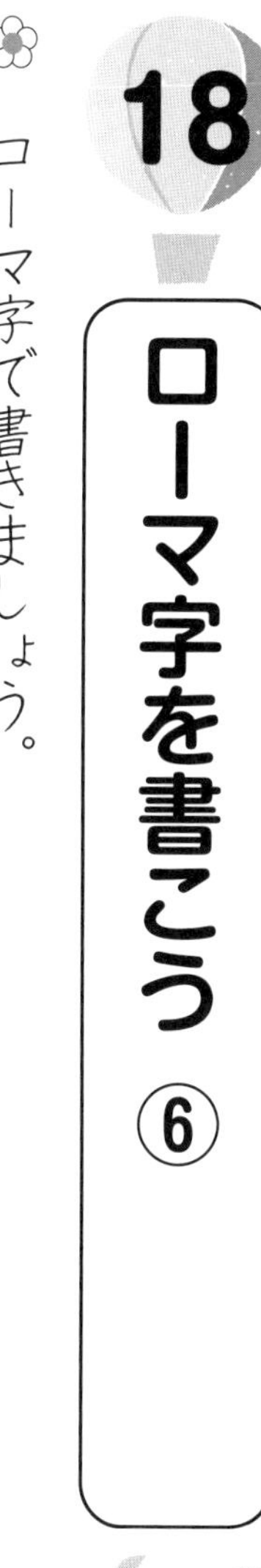

18 ローマ字を書こう ⑥

名前

ローマ字で書きましょう。

きゃ kya	きゅ kyu	きょ kyo
ぎゃ gya	ぎゅ gyu	ぎょ gyo
しゃ sya	しゅ syu	しょ syo
じゃ zya	じゅ zyu	じょ zyo
ひゃ hya	ひゅ hyu	ひょ hyo
びゃ bya	びゅ byu	びょ byo
ぴゃ pya	ぴゅ pyu	ぴょ pyo
ちゃ tya	ちゅ tyu	ちょ tyo
にゃ nya	にゅ nyu	にょ nyo
みゃ mya	みゅ myu	みょ myo

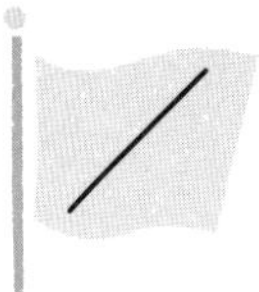

19 ローマ字で書こう ①

名前

ローマ字で書きましょう。

学校

① 学校 gakkô　② 校しゃ kôsya

③ 学級(がっきゅう) gakkyû　④ 先生 sensei

⑤ じ童(どう) zidô　⑥ 黒板(こくばん) kokuban

⑦ チョーク chyôku　⑧ 上ぐつ uwagutu

⑨ 体育館(たいいくかん) taiikukan　⑩ 運動場(うんどうじょう) undôzyô

身(み)の回(まわ)り

① 公園 kôen　② しん号(ごう) singô

③ 道路(どうろ) dôro　④ 町 mati

⑤ 村 mura　⑥ つくえ tukue

⑦ げんかん genkan　⑧ まど mado

⑨ 交番 kôban　⑩ 役所(やくしょ) yakusyo

19 ローマ字で書こう ②

ローマ字で書きましょう。

名前

食べ物

① ごはん gohan ② レタス retasu

③ サラダ sarada ④ 大根 daikon

⑤ にんじん ninzin ⑥ サツマイモ satumaimo

⑦ 玉ねぎ tamanegi ⑧ キャベツ kyabetu

⑨ 野さい yasai ⑩ 魚 sakana

持ち物

① えんぴつ enpitu ② ノート nôto

③ 消しゴム kesigomu ④ プリント purinto

⑤ 教科書 kyôkasyo ⑥ ぼうし bousi

⑦ ランドセル randoseru ⑧ 絵の具 enogu

⑨ 下じき sitaziki ⑩ 色紙 irogami

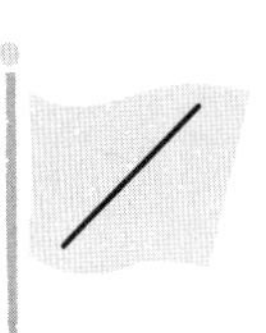

20 ローマ字入力①

名前

キーボードで次(つぎ)の文字をうちました。なぞって読みを書き、言葉(ことば)を□からえらびましょう。

	入力	読み(ひらがな)	へんかんしたたん語
①	SI	し	詩
②	TI		
③	TURU		
④	FUTA		
⑤	NO-TO		
⑥	JYU-SU		
⑦	KIPPU		
⑧	KUUKI		
⑨	KANNJI		
⑩	FUKUYA		

血(ち)	詩(し)	つる	きゅう食
ノート	ふた	学習(がくしゅう)	ジュース
切っぷ	空気	服屋(ふくや)	漢字(かんじ)

20 ローマ字入力②

名前

キーボードで次(つぎ)の文字をうちました。なぞって読みを書き、言葉(ことば)を□からえらびましょう。

	入力	読み（ひらがな）	へんかんしたたん語
①	GOZEN		
②	KENNKYUU		
③	RYUUKOU		
④	INNSYOKU		
⑤	SYOUWA		
⑥	KYOUIKU		
⑦	GAKKYUUKAI		
⑧	NOUGYOU		
⑨	KYOUTO		
⑩	HAPPYOUKAI		

昭和(しょうわ)	研究(けんきゅう)	学級会(がっきゅうかい)	流行(りゅうこう)
農業(のうぎょう)	午前	商業(しょうぎょう)	教育(きょういく)
学級会	飲食(いんしょく)	京都(きょうと)	発表会(はっぴょうかい)

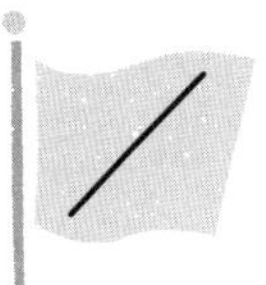

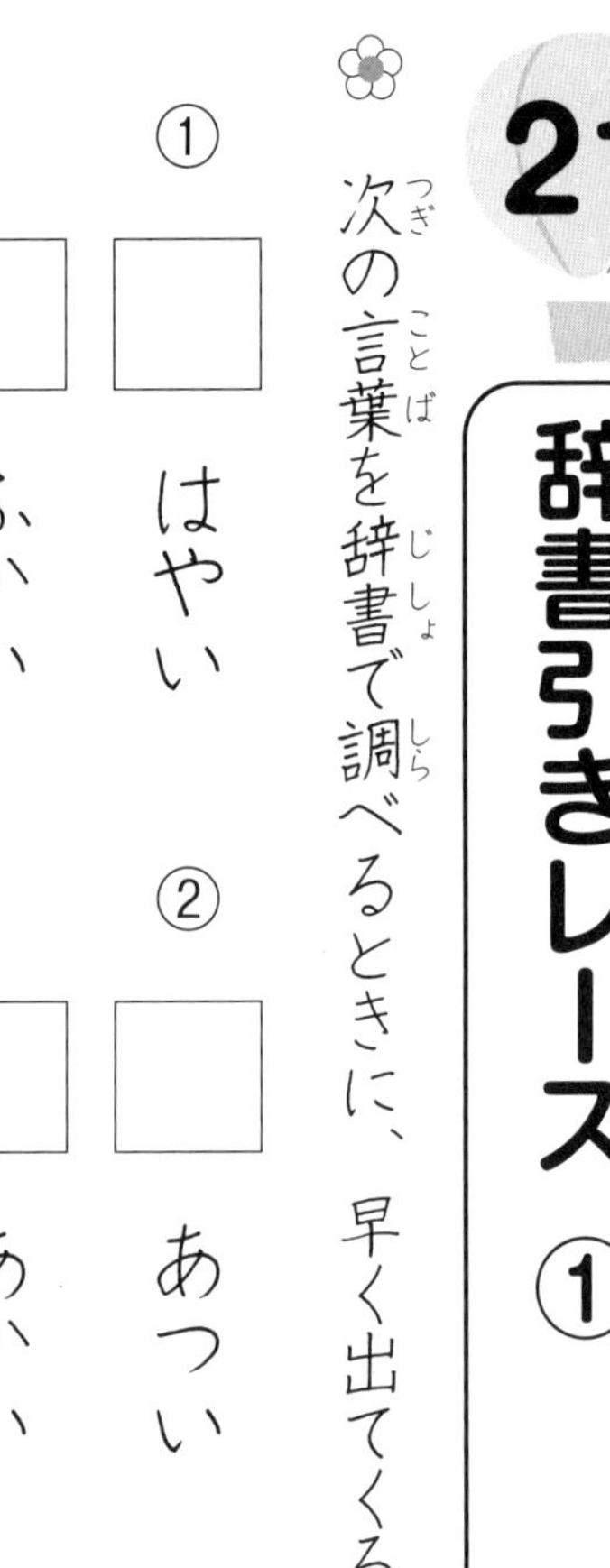

21 辞書引きレース①

名前

次の言葉を辞書で調べるときに、早く出てくるじゅんに番号をつけましょう。

①
- □ はやい
- □ ふかい
- □ ふるい
- □ ふとい

②
- □ あつい
- □ あかい
- □ あさい
- □ あまい

③
- □ うさぎ
- □ うなぎ
- □ うなじ
- □ うさん

④
- □ はん
- □ バン
- □ パン
- □ パンこ

⑤
- □ コーチ
- □ コアラ
- □ コイン
- □ コース

⑥
- □ ダース
- □ ダイス
- □ サイン
- □ サーブ

⑦
- □ ガード
- □ ガイド
- □ スイス
- □ スーツ

⑧
- □ コード
- □ コート
- □ テーブル
- □ テープ

21 辞書引きレース②

名前

次の言葉を辞書で調べるときに、早く出てくるじゅんに番号をつけましょう。

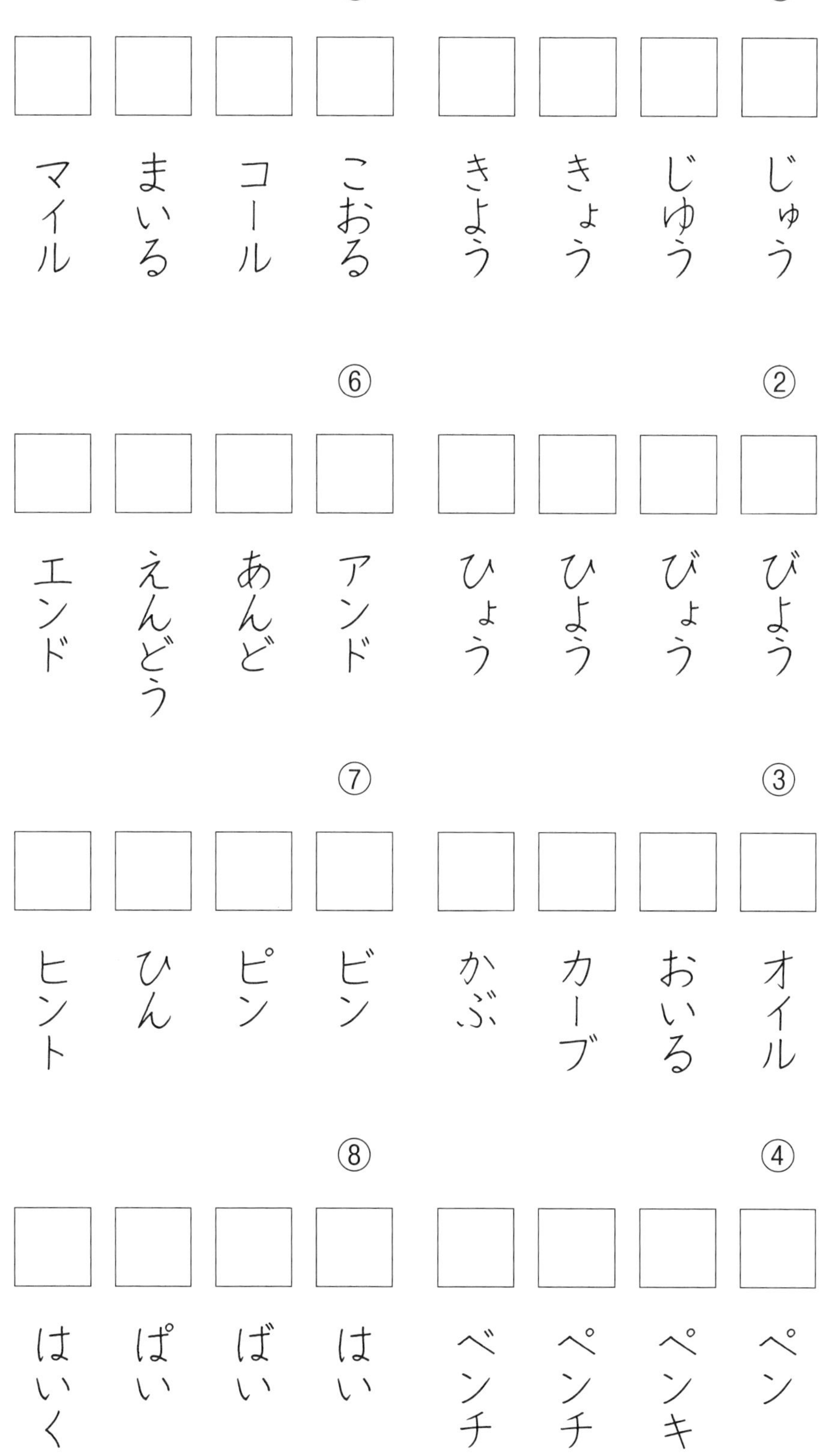

① □じゅう　□じゆう　□きょう　□きよう

② □びよう　□びょう　□ひよう　□ひょう

③ □オイル　□おいる　□カーブ　□かぶ

④ □ペン　□ペンキ　□ペンチ　□ベンチ

⑤ □こおる　□コール　□まいる　□マイル

⑥ □アンド　□あんど　□えんどう　□エンド

⑦ □ビン　□ピン　□ひん　□ヒント

⑧ □はい　□ばい　□ぱい　□はいく

22 文字ピラミッド ①

さいしょの字から、文字数を考えて言葉（ことば）をさがしましょう。

名前

①

				か	お				
			き			え			
		く					う		
	け							い	
こ									あ
									さ

ヒント　おくり○かえ、か○じどりる、えいが○ん、き○だんす、うん○ん、くつし○

②

				た	そ				
			ち			せ			
		つ					す		
	て							し	
と									さ

ヒント　ソー○ーカー、たんさん○い、せいで○き、ちん○んや、スク○ム、つ○ぼり

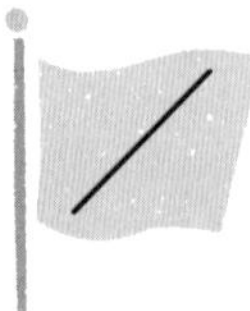

22 文字ピラミッド ②

名前

さいしょの字から、文字数を考えて言葉(ことば)をさがしましょう。

①

				やもの段					
				や	も				
			ゆ			め			
		よ					む		
	わ							み	
こ									ま

ヒント　も○げきしゃ、やく○んばこ、めん○いこ、ゆう○ょう、むしか○、よく○り

②

				ざ	ご				
			じ			げ			
		ず					ぐ		
	ぜ							ぎ	
ぞ									が

ヒント　ごくろ○さま、ざ○がにつり、げんざ○ち、じどう○ア、ぐん○ん、ずっ○り

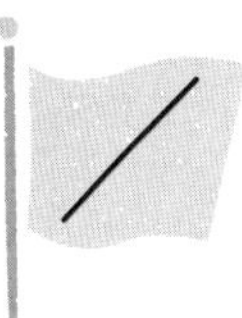

23

と言えば？のチェーン①

名前

前の言葉から、「～と言えば？」で思いうかんだ言葉を書いてつなげましょう。

①
さむい
↓と言えば？
冬
↓と言えば？
雪
↓と言えば？
雪だるま
↓と言えば？

②
おかし
↓
↓
↓
↓

③
ころころ
↓
↓
↓
↓

④
青い
↓
↓
↓
↓

⑤
遠足
↓
↓
↓
↓

⑥
あさがお
↓
↓
↓
↓

「うかべる」→「すぐ書く」→「書きながらうかべる」→「すぐ書く」→…

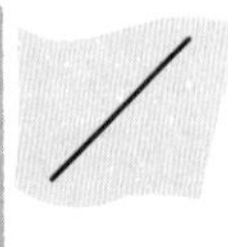

23 と言えば？のチェーン②

名前

真ん中の言葉から、「〜と言えば？」で思いうかんだ言葉を書き、まわりにつなげましょう。

①

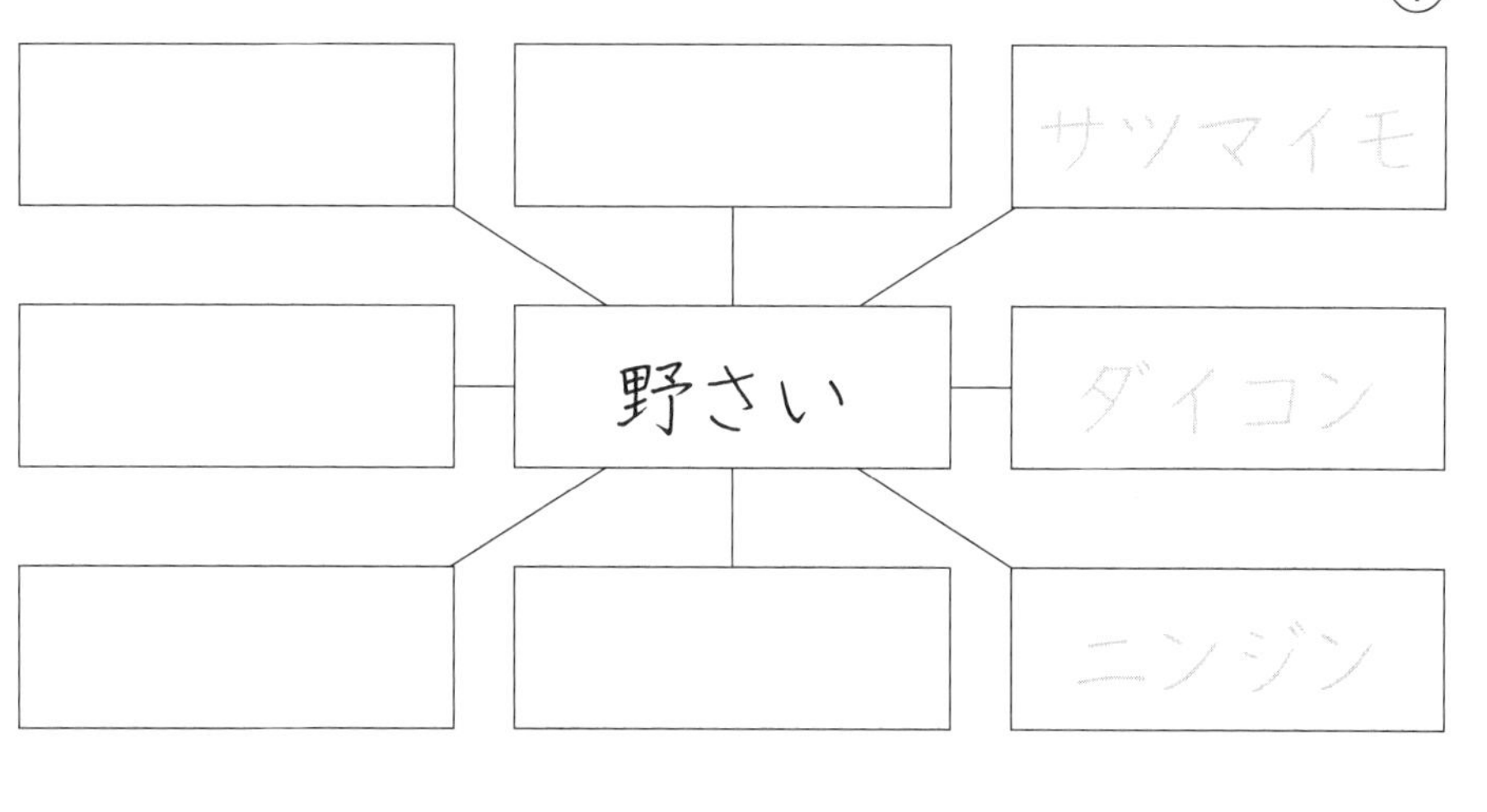

②

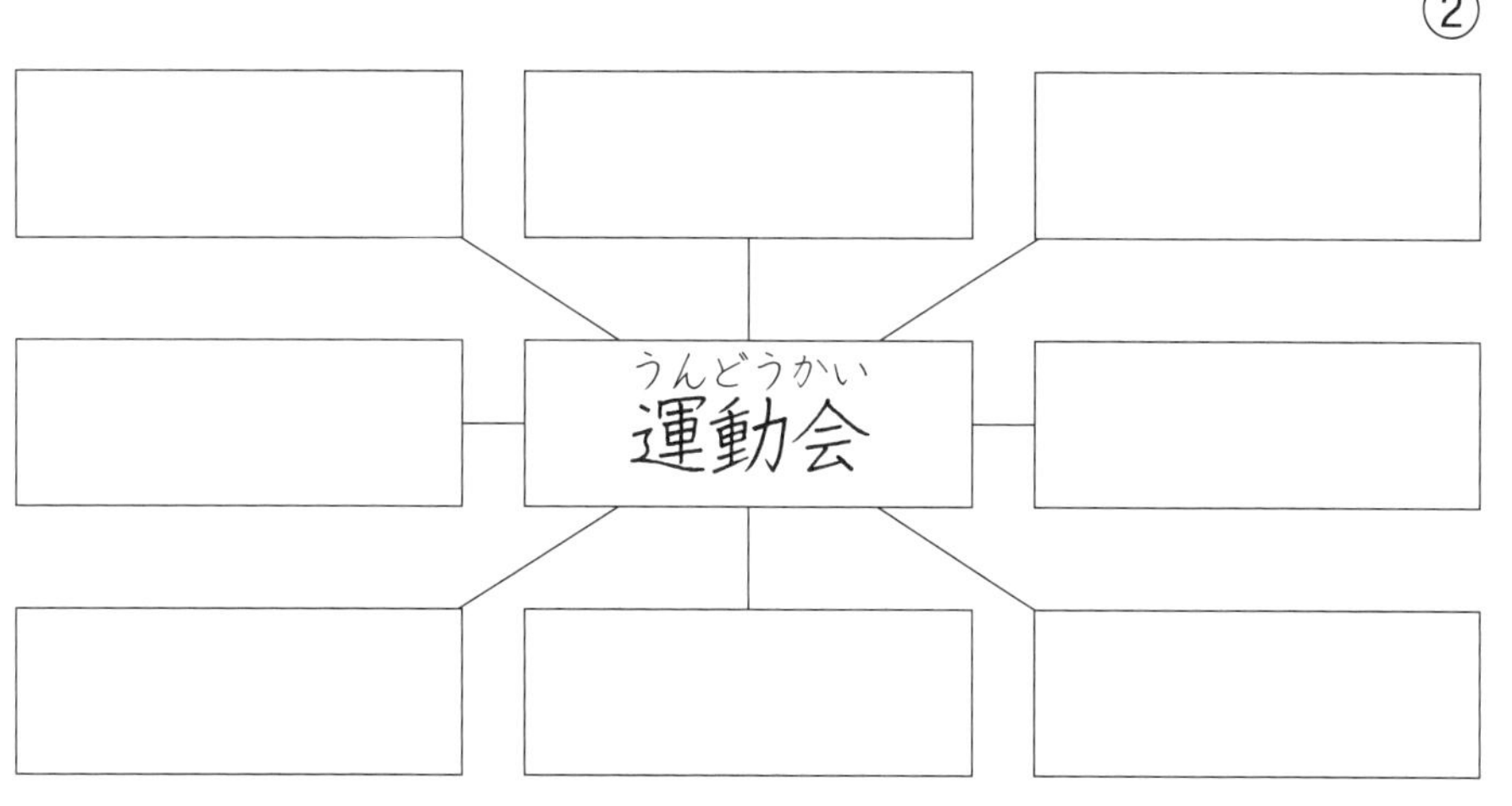

③

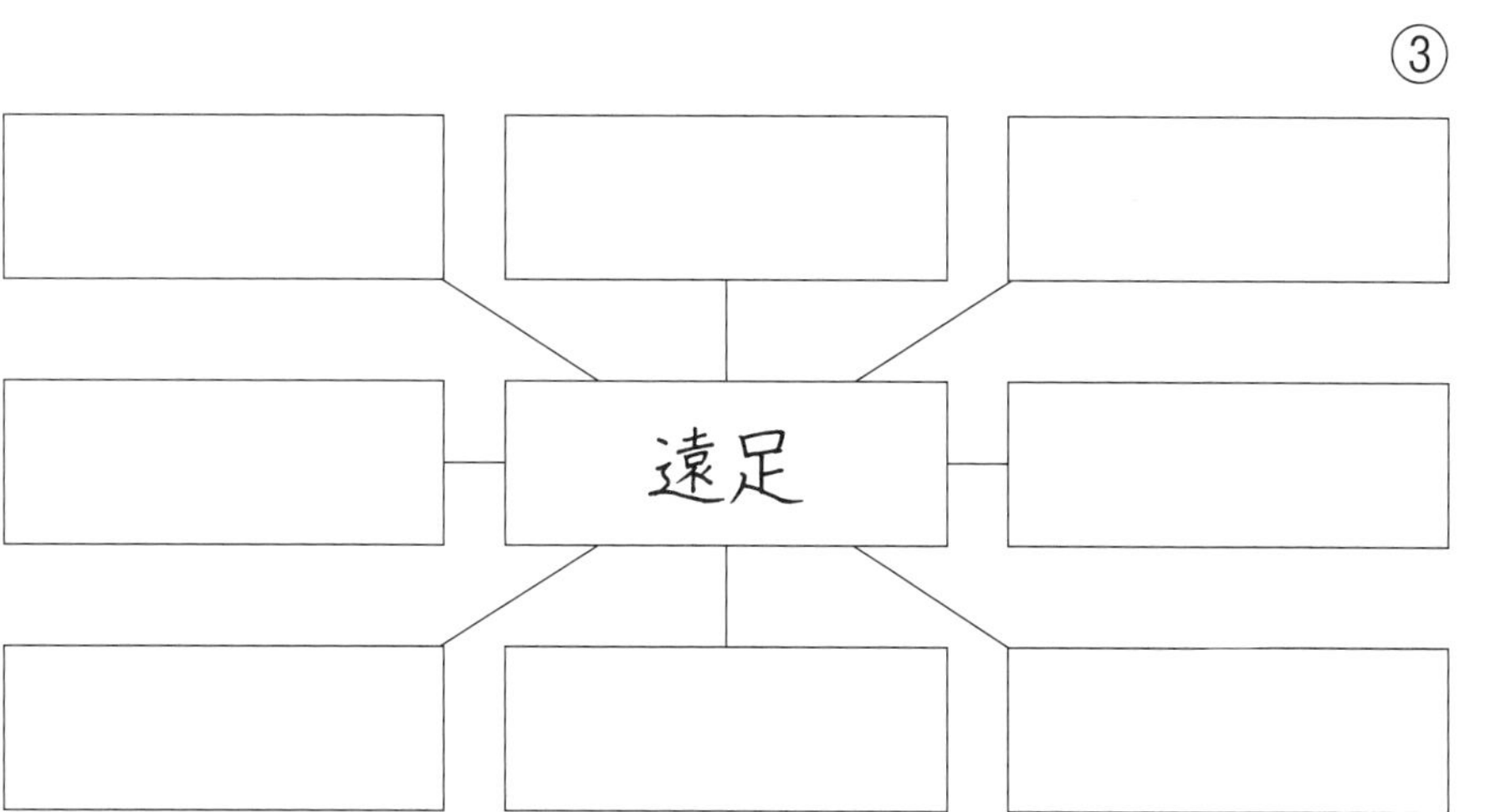

24 組み合わせ言葉 ①

名前

次の二つの言葉を組み合わせてできる言葉を書きましょう。

① ひろう ＋ 集める　ひろい集める

② はねる ＋ 起きる

③ 取る ＋ かかる

④ かく ＋ 集める

⑤ 助ける ＋ 出す

⑥ 旅 ＋ 立つ　旅立つ

⑦ 名 ＋ つける

⑧ 勉強 ＋ する

⑨ 目 ＋ さめる

24 組み合わせ言葉 ②

名前

✿ 次(つぎ)の二つの言葉(ことば)を組み合わせてできる言葉を書きましょう。

① 近い ＋ よる　（近よる）

② わかい ＋ 返(かえ)る

③ 速(はや)い ＋ すぎる

④ 遠い ＋ のく

⑤ 長い ＋ 引く

⑥ 力 ＋ 強い　（力強い）

⑦ しお ＋ からい

⑧ 目 ＋ 新しい

⑨ 雪 ＋ 深(ふか)い

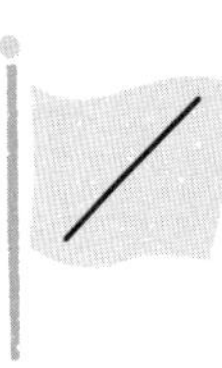

24 組み合わせ言葉 ③

名前

❀ 次の二つの言葉を組み合わせてできる言葉を書きましょう。

① ねる ＋ 苦しい　ね苦しい

② 食べる ＋ つらい

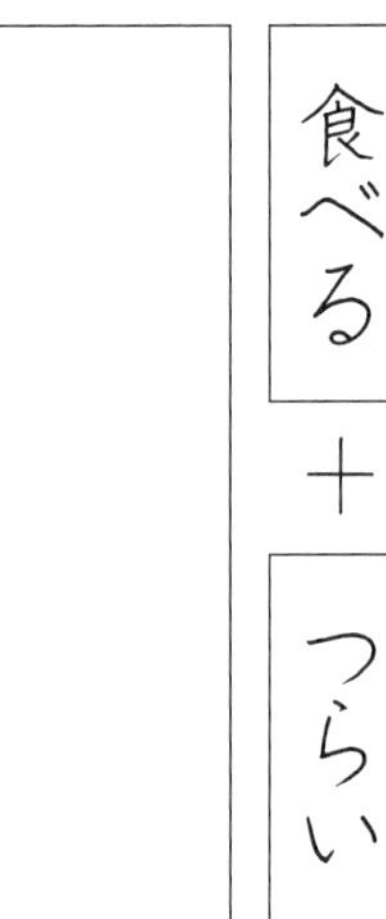

③ 言う ＋ つらい

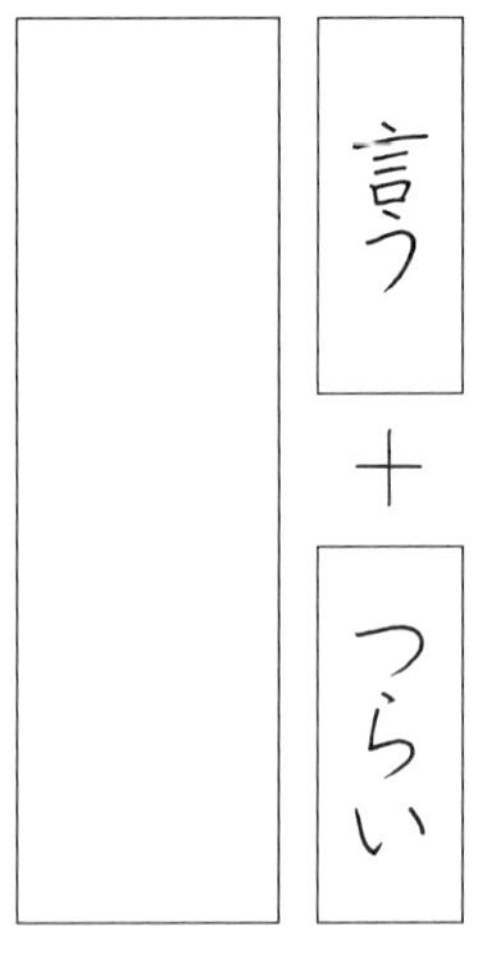

④ しんじる ＋ かたい

⑤ たえる ＋ かたい

⑥ 細い ＋ 長い

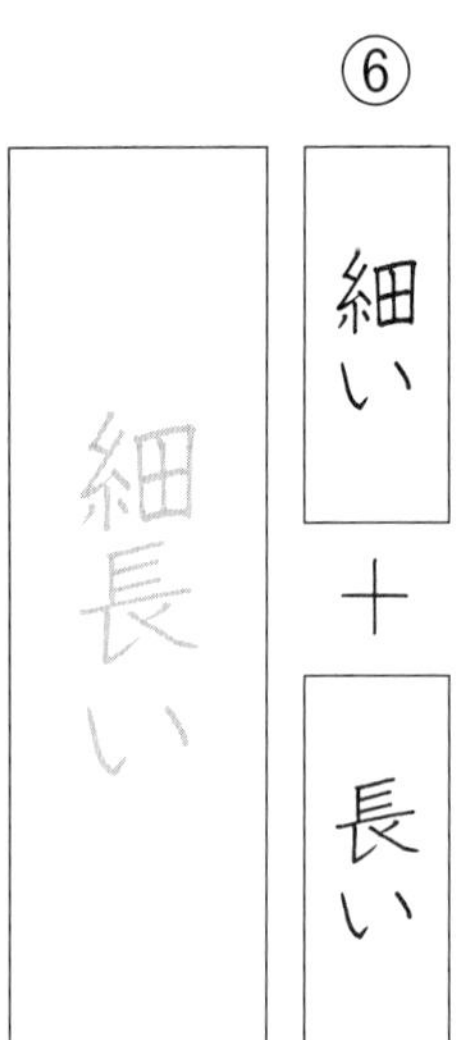

⑦ 太い ＋ 短い

⑧ 青い ＋ 白い

⑨ うすい ＋ 暗い

24 組み合わせ言葉 ④

名前

次の二つの言葉を組み合わせてできる言葉を書きましょう。

① 消す ＋ ゴム　（消しゴム）

② とぶ ＋ 箱

③ 落ちる ＋ 葉

④ 登る ＋ 坂

⑤ 話す ＋ 上手

⑥ 本 ＋ 立てる　（本立て）

⑦ 草 ＋ かる

⑧ たこ ＋ やく

⑨ おす ＋ 入れる

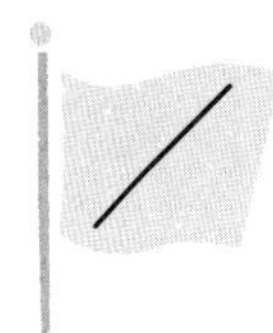

25 きせつの言葉のなかま分け ①

名前

きせつを表(あらわ)す言葉(ことば)を［　］からえらんで、春と夏に分けましょう。

夏のくらし

- かとりせんこう
- 新じゃが
- たらのめ
- たけのこ
- あみ戸
- めばえ
- 春キャベツ
- ふうりん
- せんぷうき
- 新玉ねぎ
- すだれ
- なえ
- ふき
- ところてん
- よもぎ
- 白玉
- なの花
- そうめん
- わらび
- みつ豆(まめ)
- うちわ
- 花火
- ぜんまい
- 水ようかん

25 きせつの言葉のなかま分け ②

名前

きせつを表す言葉を□からえらんで、秋と冬に分けましょう。

秋のくらし

冬のくらし

クリスマス　スポーツの秋　雪がっせん

ストーブ　りんご　虫の声

げいじゅつの秋　れんこん　かき

手ぶくろ　虫かご　銀世界

月夜　こたつ　くり

かぶ　さつまいも　にんじん

サンマ　雪かき　夜長

だいこん　ゆたんぽ　食よくの秋

26 言いきりの形 ①

名前

✿ 言いきりの形の言葉(ことば)に○をつけましょう。

① そろった　そろって　そろえ　そろう　そろえる

② よも　よみ　よめば　よむ　よめ

③ とび　とべば　とぶ　とべ　とぼう

④ かかない　かきます　かく　かけば　かこう

⑤ さそわぬ　さそえば　さそい　さそえ　さそう

⑥ たびだてる　たびだって　たびだて　たびだたない　たびだつ

⑦ もらいます　もらったら　もらえ　もらう　もらい

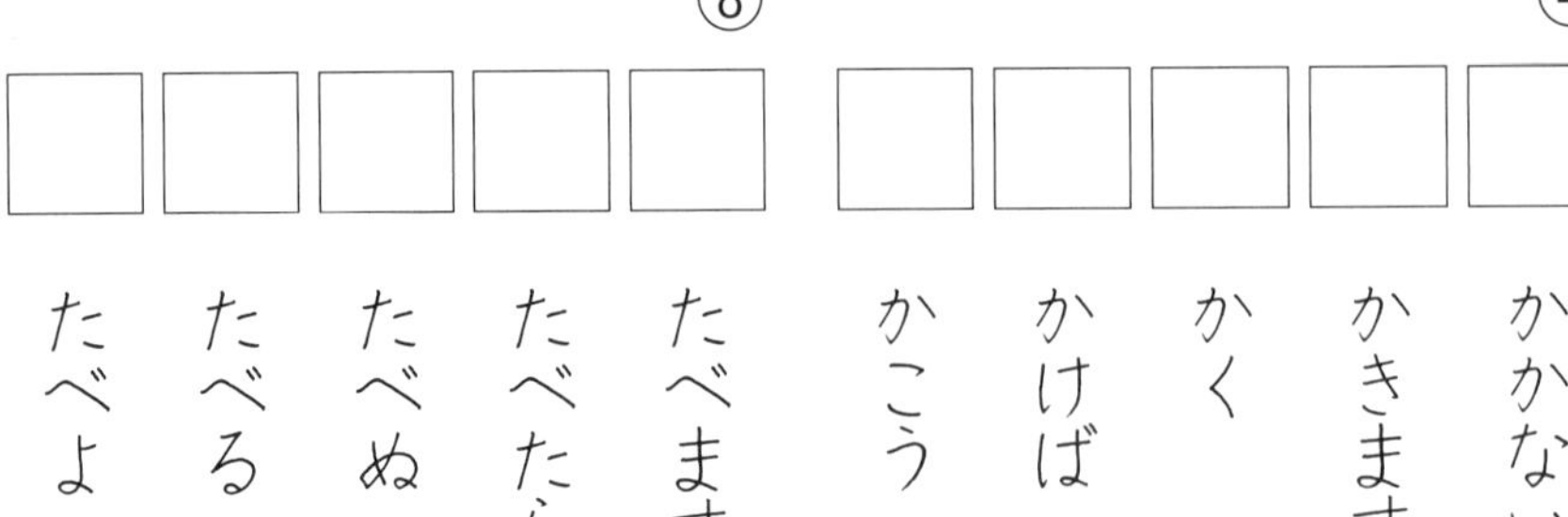

⑧ たべます　たべたら　たべぬ　たべる　たべよ

26 言いきりの形 ②

名前

言いきりの形の言葉(ことば)に○をつけましょう。

①
はしります
はしった
はしろう
はしる
はしれ

②
うたいます
うたえる
うたって
うたう
うたえ

③
もどって
もどった
もどる
もどれ
もどれる

④
かえります
かえれ
かえる
かえった
かえって

⑤
のびて
のびます
のびた
のびろ
のびる

⑥
こまって
こまった
こまれ
こまり
こまる

⑦
きます
きて
きた
くる
こい

⑧
なって
なった
なり
なる
なれ

27

四きのはいく ①

名前

五文字・七文字・五文字で、春・夏のはいくを作ってみましょう。

① あたたかく たんぽぽのはな はるがすみ

②

春のく ヒント五七

こいのぼり
さくらさき
はるかぜや
すみれさき

あたたかく
はるのやま
つくしでて
さくらんぼ

れんげにすみれ
うららかなごご
さくらのはなの
てんとうむしの

いちねんせいの
かぜにふかれて
かぜがくすぐる
たんぽぽのはな

あんずさく
はるのやま
はるがすみ
つばめとぶ

こえがする
わらいごえ
はるのあさ
およいでる

③

④

夏のく ヒント五七

せみのこえ
あさがおや
せんぷうき
キリギリス

カブトムシ
うみのいえ
しろいくも
アウトドア

プールあがりに
しろいすなはま
ひまわりさいて
カレーライスと

ゆうだちふって
くもがもくもく
ふうりんなって
げんきにうごく

あまやどり
ソーダすい
ひるさがり
アイスバー

にじがでる
はなびする
スイカわる
かきごおり

むずかしいときは、「ヒント五七」をさん考にしましょう。

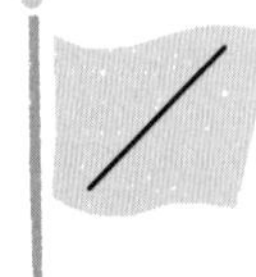

27 四きのはいく ②

名前

五文字・七文字・五文字で、秋・冬のはいくを作ってみましょう。

①

②

秋のく ヒント五七

あきのそら　もみじがり
スズキとぶ　あきまつり
あきばれの　いわしぐも
あきののの　くりごはん

どんぐりおちて　さんまのけむり
たいふうすぎて　コスモスのはな
わたりどりきた　うんどうかいや
あかやきいろの　まんげつうかぶ

ひがんばな　そらたかく
かぜにまう　さとやまよ
めいげつや　おちばまう
もみじのは　あきのやま

③

④

冬のく ヒント五七

ふゆのあさ　ゆきだるま
ふゆのよる　はつもうで
かぜのおと　しろいいき
しもおりて　こおりはる

いけにいちめん　おぞうにたべて
こたつでみかん　しろいせかいに
てぶくろつけて　ふるさとのいえ
ゆきがつもった　ゆきのようせい

ぎんせかい　こなゆきや
おおみそか　ゆきあそび
おもちやく　おとしだま
あたたまる　ふゆやすみ

ヒントの組み合わせを考えたり、自分で考えたりしましょう。

28 短歌をつくろう！①

名前

五・七・五・七・七の文字数をヒントに、短歌を正しいじゅんにならべましょう。

①

いしがけに
こどもしちにん
こしかけて

北原白秋

ヒント五七

いしがけに　こしかけて
ゆうやけこやけ　ふぐをつりおり　こどもしちにん

②

たわむれに
さんぽあゆまず

石川啄木

ヒント五七

そのあまり　たわむれに
さんぽあゆまず　ははをせおいて　かろきになきて

ヒント五七をさん考にしましょう。

28 短歌をつくろう！②

名前

五・七・五・七・七の文字数をヒントに、短歌(たんか)を正しいじゅんにならべましょう。

①

とりてくえ　ひるをきてさす

ヒント五七

あかとんぼ　とりてくえ
はやくあらわれ　このやぶかども　ひるをきてさす

窪田空穂(くぼたうつぼ)

②

はるのなごりと

ヒント五七

なりにけり　いつしかに
たんぽぽのはな　こんぶほしばの　はるのなごりと

北原白秋(きたはらはくしゅう)

ヒント五七をさん考にしましょう。

29 ことわざランド ①

名前

次のことわざの□にあてはまる数字を漢字で書きましょう。

① 悪事 千 里を走る

② 一を聞いて□を知る

③ 五十歩□歩

④ 三つ子のたましい□まで

⑤ 一すんの虫にも□分のたましい

⑥ □階から目薬

⑦ 七転び□起き

⑧ 石の上にも□年

⑨ □すん先はやみ

⑩ 一か□か

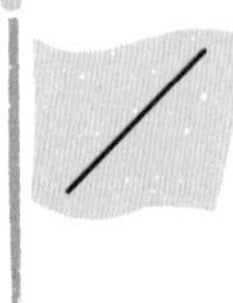

29 ことわざランド ②

名前

❀ 次(つぎ)のことわざに、あてはまる体の部分(ぶぶん)を下からえらんで書きましょう。

① （　　　）から出たさび

② （　　　）の上のこぶ

③ 良薬(りょうやく)は（　　　）に苦し

④ のれんに（　　　）おし

⑤ せに（　　　）は代(か)えられない

⑥ （　　　）かくしてしりかくさず

⑦ （　　　）元(もと)すぎればあつさをわすれる

口　目　うで　はら　頭　身(み)　のど

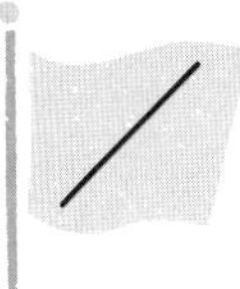

29 ことわざランド ③

名前

✿ 線でむすんで、正しいことわざにしましょう。

① あぶはち
② 魚心(うおごころ)あれば
③ 馬の耳に
④ やぶをつついて
⑤ とらのい・をかる
⑥ い・の中(なか)のかわず
⑦ きじも鳴かずば

(ア) 水心(みずごころ)
(イ) とらず
(ウ) へびを出す
(エ) ねんぶつ
(オ) 大海(たいかい)を知らず
(カ) キツネ
(キ) うたれまい

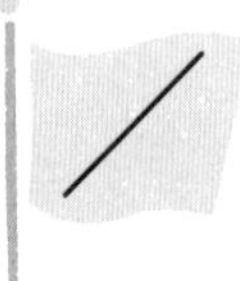

29 ことわざランド ④

名前

✿ 線でむすんで、正しいことわざにしましょう。

① 白羽(しらは)の矢が　・　・（ア）立つ
② ほとけの顔も　・　・（イ）三文(さんもん)のとく
③ 早起(はやお)きは　・　・（ウ）三度(さんど)まで
④ さるも木から　・　・（エ）わたる
⑤ 石橋(いしばし)をたたいて　・　・（オ）落(お)ちる
⑥ どんぐりの　・　・（カ）にごさず
⑦ 立つ鳥あとを　・　・（キ）せいくらべ

30

まちがいさがし①

名前

左右の絵でちがっているところが四つあります。ちがいをせつ明しましょう。

右　　左

一つ目は、右のうちゅう船の
かたむきかたがちがう
ところです。

二つ目は、右のロボットの
ところです。

三つ目は、右のうさたんの
ところです。

四つ目は、右のビルのまどの
ところです。

30 まちがいさがし ②

名前

左右の絵でちがっているところが四つあります。ちがいをせつ明しましょう。

左　右

一つ目は、右の月のいちが
ちがう
ところです。

二つ目は、右のタコ星人のメガネの
ところです。

三つ目は、右のかえるたんの
ところです。

四つ目は、右のクマックスのマントの
ところです。

31 時間のじゅん番 ①

名前

① ねる前にしたことを四つえらび、それをしたじゅん番に1〜4の数字を書きましょう。

[1] 歯をみがく。
[ ] あいさつをする。
[ ] おふろに入る。
[ ] 夜食を食べる。
[ ] 本を読む。
[ ] お手つだいをする。
[ ] 動画をみる。
[ ] 明日の用意をする。

② 1〜4のじゅん番に、文をくわしく（何をどうしたなど）書いていきましょう。

わたしがねる前にしたことを書きます。

1番目 まず、せん面所に歯をみがきに行きました。

2番目 つぎに、

3番目 そして、

4番目 さいごに、

31 時間のじゅん番 ②

名前

① 学校から帰ってからしたことを四つえらび、それをしたじゅん番に1〜4の数字を書きましょう。

[1] あいさつをする。
[ ] くつをそろえる。
[ ] かばんをおく。
[ ] 宿題(しゅくだい)をする。
[ ] 教科書をなおす。
[ ] 習(なら)い事(ごと)に行く。
[ ] 本を読む。
[ ] 外で遊(あそ)ぶ。

② 1〜4のじゅん番に、文をくわしく(何をどうしたなど)書いていきましょう。

わたしが学校から帰ってしたことを書きます。
まず、家族(かぞく)に「ただいま」とあいさつをしました。
つぎに、
そして、
さいごに、

1番目 2番目 3番目 4番目

32 どっちのポスター①

名前

どっちのポスターがいいと思いますか。理由(りゆう)を書きましょう。

ポスターB

ポスターA

わたしは（　　　　）のポスターが

いいと思います。

なぜなら、

からです。

あと、一つ工夫するとすれば、

をつけくわえます。

32 どっちのポスター ②

名前

どっちのポスターがいいと思いますか。理由(りゆう)を書きましょう。

ポスターA

UFO 今夜みえるか？！
フェスティバル
6月24日
会場　アーノルド公園
14：00　トーク「わたしはUFOを見た！」
15：00　われわれは、宇宙人でショー
19：00　UFO花火大会
問い合わせ　UFOフェスティバル実行委員会

ポスターB

UFOフェスティバル
6月24日　会場　アーノルド公園
イベントトーク「わたしはUFOを見た！」
われわれは、宇宙人でショー
UFO花火大会
UFOグッズ販売
問い合わせ　UFOフェスティバル実行委員会

わたしは（　　　　）のポスターが

いいと思います。

なぜなら、

からです。

あと、一つ工夫するとすれば、

をつけくわえます。

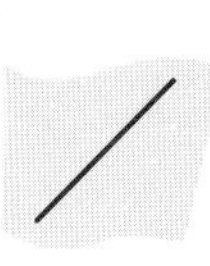

33 たくさん使って書こう ①

名前

□の中の言葉をできるだけたくさん使って、文を作りましょう。

方角　弓矢　心細い　太い　野原　思う　会う
一本道　戸　元気　丸い　南　当たる　立ち止まる
家　岩　谷　直線　鳥　光る　帰る
地図　親友　天才　金魚　ぬいぐるみ　まと　行く

33 たくさん使って書こう ②

名前

□の中の言葉をできるだけたくさん使って、文を作りましょう。

強い　多い　一万円　首　時間　二頭　広げる
弱い　同じ　売店　馬　羽　門　買う
長い　高い　少ない　牛　黄色　鳴く　売る

33 たくさん使って書こう ③

名前

□の中の言葉をできるだけたくさん使って、文を作りましょう。

弟　兄　今週　半分　何回　思い出す　顔

妹　姉　毎日　昼　日記　行く　おやつ

母　夜　午前　当番　タブレット　来る　外

父　朝　午後　番組　作る　楽しむ　室内

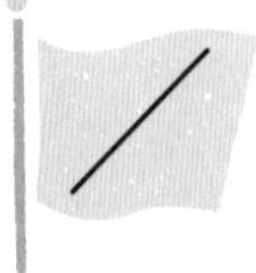

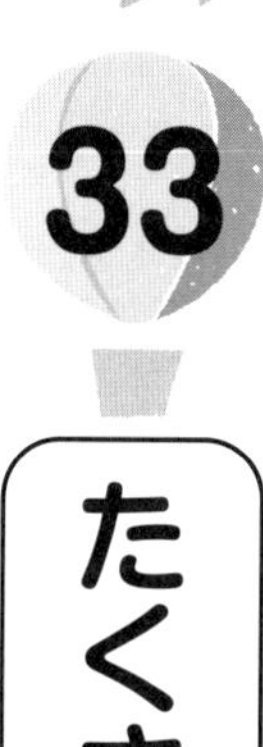

33 たくさん使って書こう④

名前

□の中の言葉(ことば)をできるだけたくさん使(つか)って、文を作りましょう。

北	近所(きんじょ)	交番	高校	天文台	遠い	前
南	市場	広場	池	図書室	近い	後ろ
西	寺	線路(せんろ)	店	活気	古い	走る
東	公園	家	汽車	点数	新しい	止まる

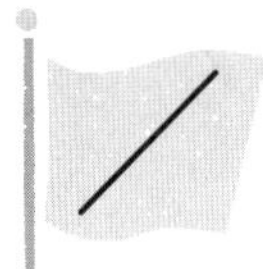

33 たくさん使って書こう ⑤

名前

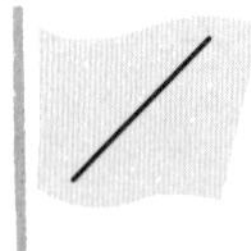

□の中の言葉(ことば)をできるだけたくさん使(つか)って、文を作りましょう。

国語　計算　話し合い　図画工作　黒板(こくばん)　合計　知る

算数　発言(はつげん)　回路(かいろ)　新聞　日直　曜日　考える

社会　読書　電池　絵　教室　聞く　答える

理科　音楽　体育(たいいく)　画用紙　時間　仕切る　教える

33 たくさん使って書こう ⑥

名前

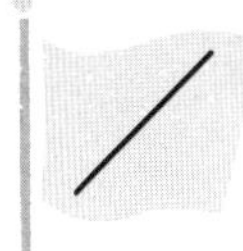

□の中の言葉をできるだけたくさん使って、文を作りましょう。

春　鳥　野原　風　晴れ　明るい　食べる

夏　魚　海　雲　船　体そう　麦茶

秋　米　山里　夜長　汽車　遠い　歩く

冬　星　夜空　雪　毛糸　父母　帰る

34 物語をつくろう！ ①

起・承・転・結の四つの文で、ハッピーエンドのお話（幸せになる物語）をつくりましょう。

名前

起	登場人物のこれまでの様子。（□いつ？ □どこで？ □どんな人物？）

承	ふしぎな力があるアイテムを手に入れる。（□物・道具 □動物 □植物 □食べ物 □力 □空想生物…）

転	ふしぎな力で、問題をかい決する。（□自分 □人 □村、国）の（□事けん □問題 □なやみ事 □悪者 □モンスター □おたから…）

結	レベルアップした世界・その後。（□人物 □人 □村、国 □生活、くらし □気持ち □全世界…）

34 物語をつくろう！②

起・承・転・結の四つの文で、バッドエンドのお話をつくりましょう。

名前

起
登場人物のこれまでの様子。
(□いつ？ □どこで？ □どんな人物？)

承
やってはだめなことをしてしまう。やくそくをやぶってしまう。
(□やくそく □やってはいけないこと □言ってはいけないこと)

転
次々とやっかいな問題が起こる。(□自分 □人 □村、国 に □事けん □問題 □なやみ事 □悪者 □モンスター □うしなうもの…)

結
こまりはてた世界。反せいの行動、あやまる、ゆるしをねがう、つぐないへ
(□人物 □人 □村、国 □生活、くらし □気持ち □全世界…)

35 分ける・くらべる ①

名前

✿ 同じところ（きょう通点）を見つけて、なかまのとくちょうを書きましょう。

ウサミミ星人　ガンミ星人　グレイ星人　タコル星人

うちゅう人のみなさんは、（　　）つのなかまに分けることができます。

一つ目のなかまは（　　）です。

なかまのとくちょうは、（　　）です。

二つ目のなかまは（　　）です。

なかまのとくちょうは、（　　）です。

35 分ける・くらべる ②

名前

同じところ、ちがうところを見つけて、書きましょう。

うちゅう人のタコル星人とガンミ星人を

くらべてみると、

同じところは、（

）です。

ちがうところは、（

）です。

36 あいうえおりこみ詩

名前

頭の五十音につづけて、詩を書きましょう。

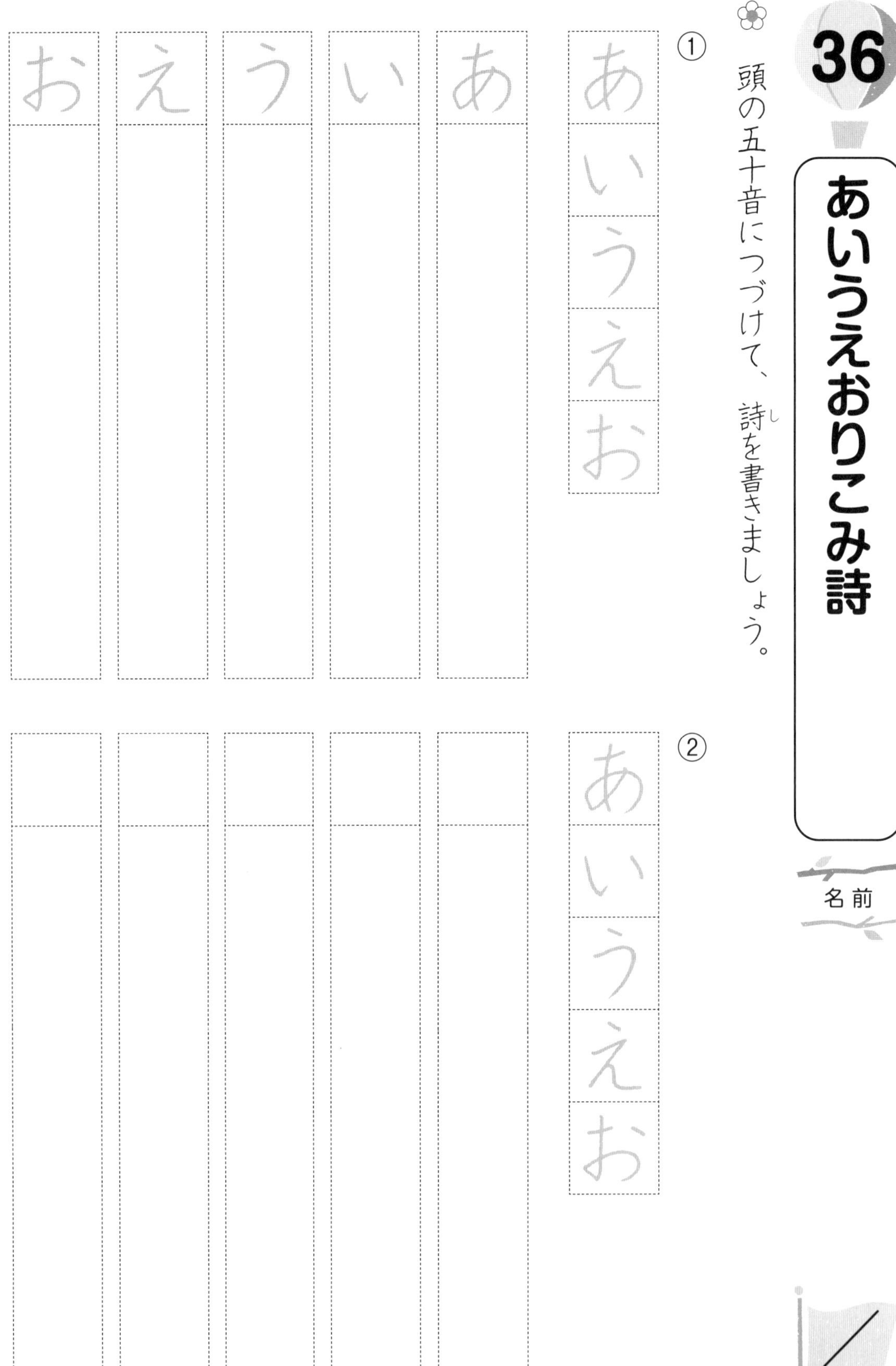

36 と言えば詩

名前

❀「と言えば」で言葉をつないで詩を作りましょう。

①
題

はる と言えば
はる と言えば ＿＿
なつ と言えば ＿＿
あき と言えば ＿＿
ふゆ と言えば ＿＿
なので
はる と言えば ＿＿

②
題

＿＿ と言えば
＿＿ と言えば ＿＿
＿＿ と言えば ＿＿
＿＿ と言えば ＿＿
＿＿ と言えば ＿＿
なので
＿＿ と言えば ＿＿

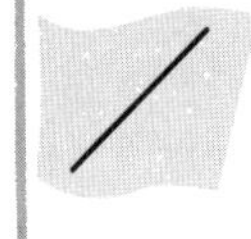

37 自こしょうかいシート ①

名前

自分のプラスイメージをつたえる「自こしょうかいスピーチ」をつくりましょう。

「こんにちは！

すきなものリスト

□ 色（　　）
□ 動物（　　）
□ スポーツ（　　）
□ 月（　　）

□ 遊び（　　）
□ 曜日（　　）
□ 教科（　　）
□ 食べ物・りょう理（　　）

がすきな（自分の名前）（　　）です。

よろしくおねがいします！」

37

自こしょうかいシート ②

自分といっしょな人をさがしましょう。

名前

友だちピッタリビンゴ

たんじょう日	すきなきせつ	すきなペット
月　日		
ぴったりの人	ぴったりの人	ぴったりの人
すきなきゅう食	**すきな天気**	**すきなアルファベット**
ぴったりの人	ぴったりの人	ぴったりの人
すきな遊具（ゆうぐ）	**すきなおやつ**	**きょうだいの人数**
		人
ぴったりの人	ぴったりの人	ぴったりの人

／

メモから作文①

名前

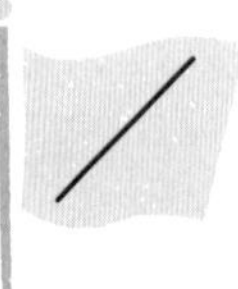

メモの内ようがつたわるように、二だん落（らく）で作文を書きましょう。

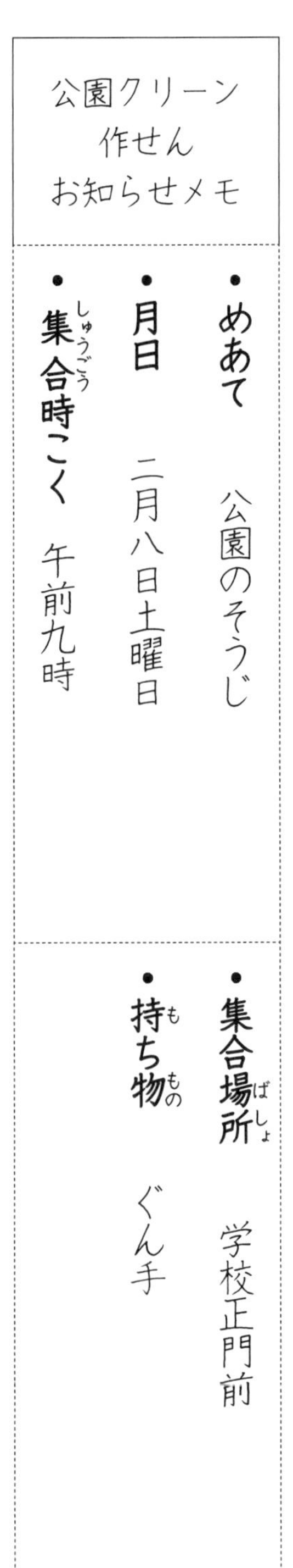

公園クリーン
作せん
お知らせメモ

- **めあて**　公園のそうじ
- **月日**　二月八日土曜日
- **集合（しゅうごう）時こく**　午前九時
- **集合場所（ばしょ）**　学校正門前
- **持（も）ち物（もの）**　ぐん手

38 メモから作文 ②

名前

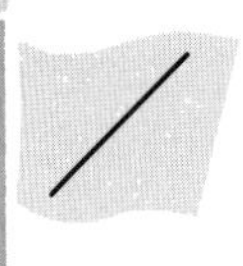

メモの内ようがつたわるように、二だん落で作文を書きましょう。

中庭の池
そうじ作せん
お知らせメモ

・**めあて** 校内の池の大そうじ
・**月日** 七月八日土曜日
・**集合時こく** 午前九時
・**集合場所** 学校正門前
・**持ち物** サンダル

39 あて名を書こう！①

名前

「はがき」のあて名の書き方を、見本を見て書きましょう。

① 相手の住所　右がわに書きます。（長い住所は区切りのよいところで行をかえ、二行にします。）

② 相手の名前　中央に少し大きめに「〜様」と書きます。※会社やだん体は「〜御中（おん中）」と書く。

③ 自分の住所と名前　左がわに少し小さめに書きます。

見本

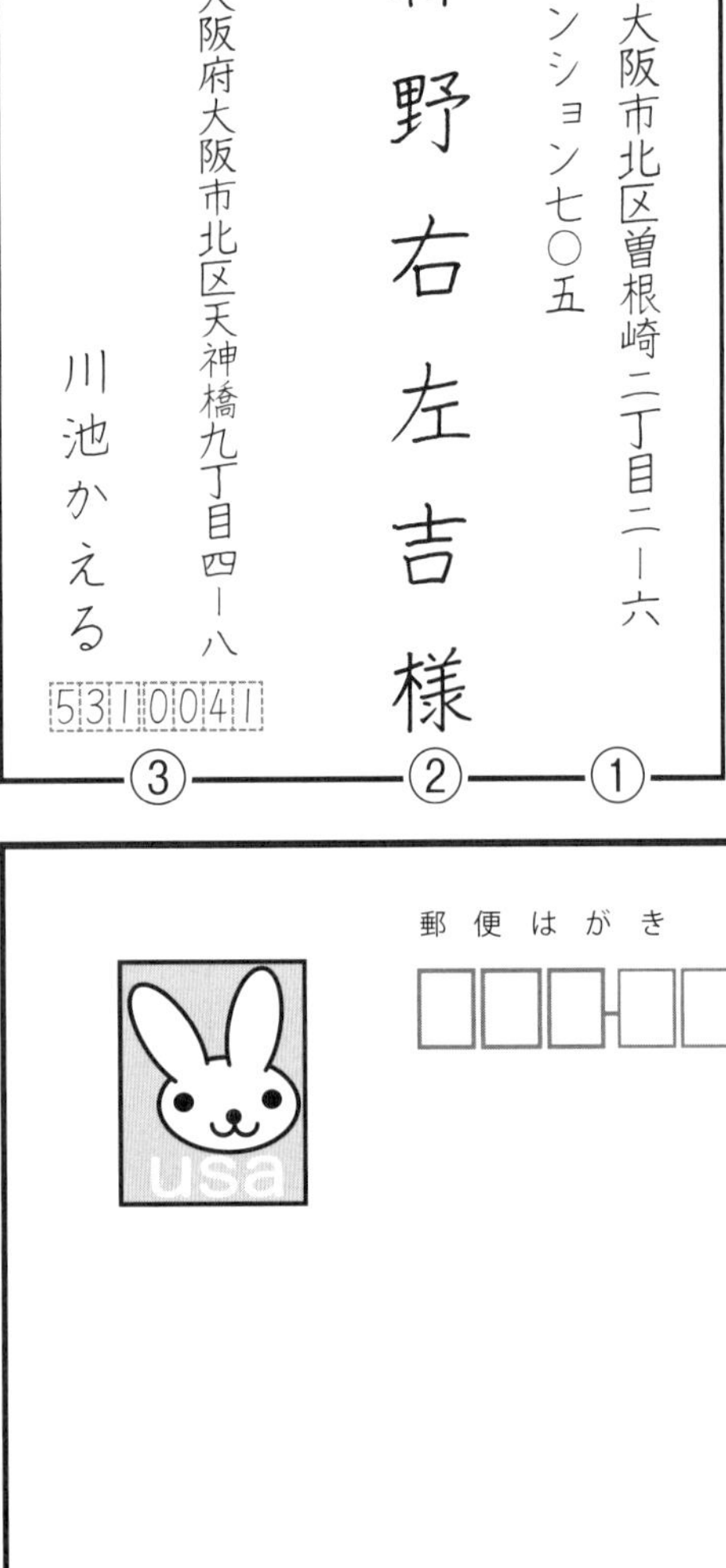

39 あて名を書こう！②

名前

「ふう書」のあて名の書き方を、見本を見て書きましょう。

見本

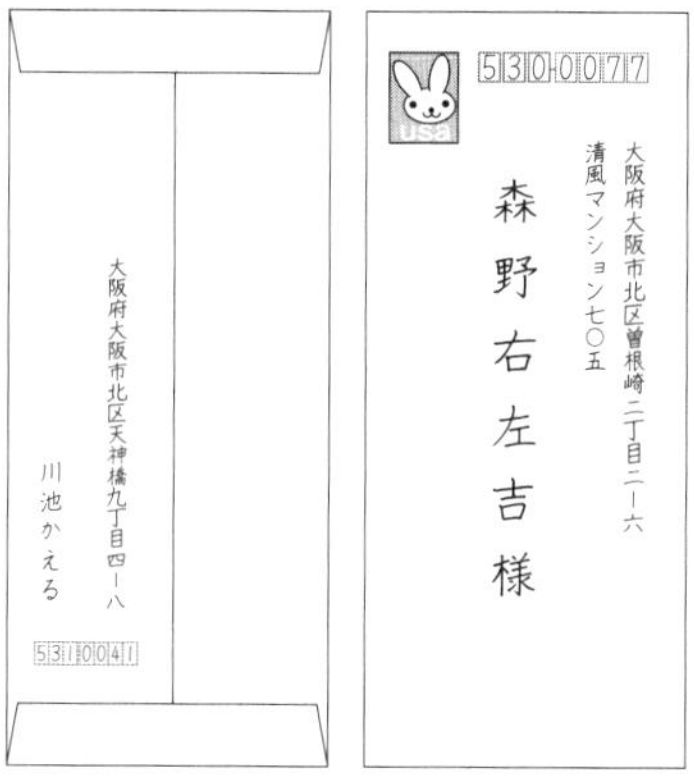

〒530-0077
大阪府大阪市北区曽根崎二丁目二ー六
清風マンション七〇五
森野右左吉様

大阪府大阪市北区天神橋九丁目四ー八
川池かえる
〒531-0041

※ふう書の場合、自分の住所と名前は、ふうとうのうらに書きます。

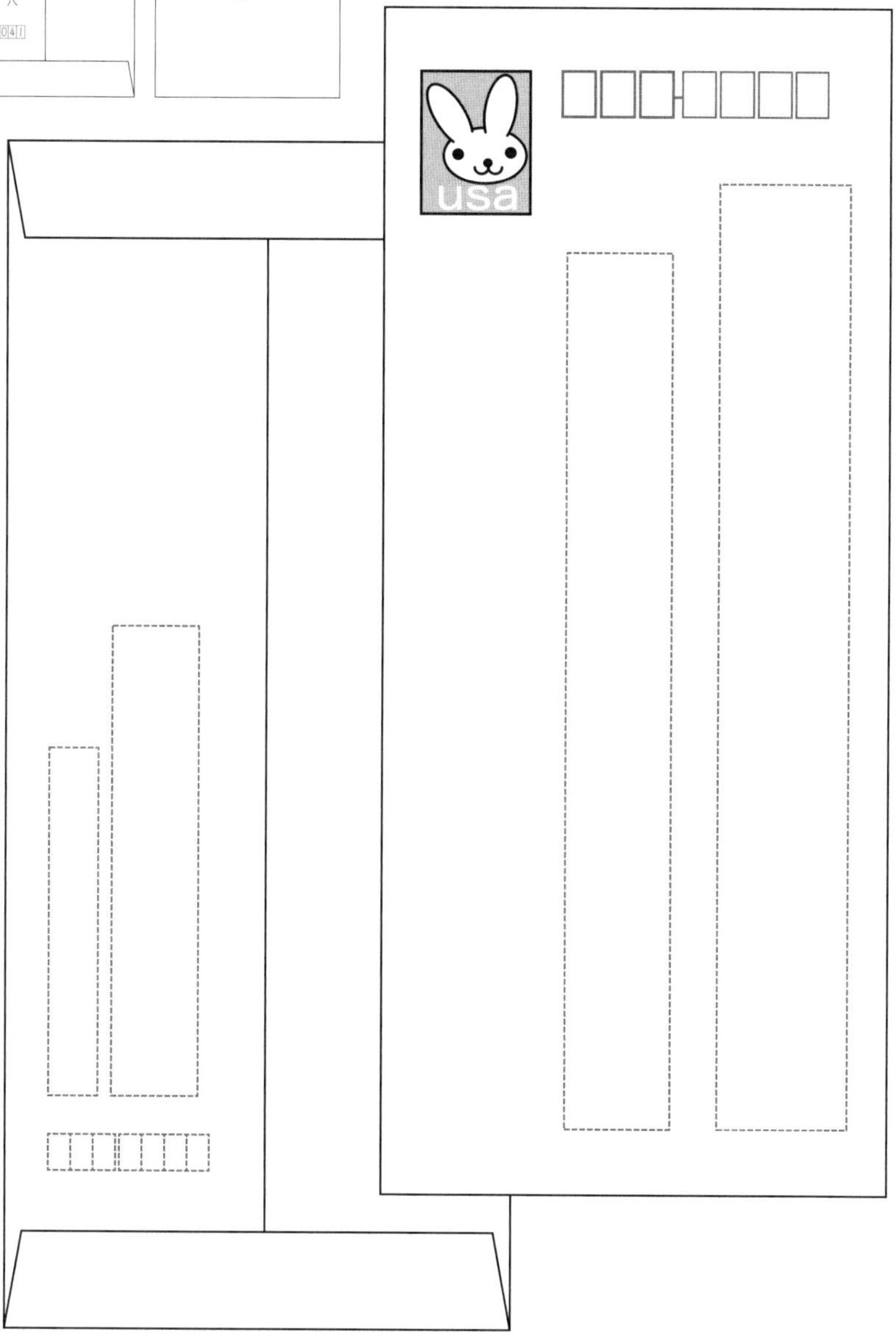

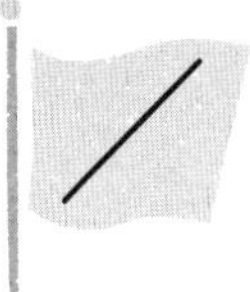

40 手紙を書こう！①

名前

✿ 手紙のやくそくにそって、なぞりましょう。

はじめのあいさつ
きせつの言葉
相手のごきげんをうかがう
自こしょうかい

本文
つたえたいこと
おれい
おねがい
あんない

むすびのあいさつ
相手のけんこうを気づかう
わかれのあいさつ

後づけ
① 日づけ
② 自分の名前
③ 相手の名前

暑い日がつづきますが、お元気ですか。先日、お話をうかがった森野うさきちです。

この間は、おいそがしい中、お店でりょう理の作り方を教えてくださってありがとうございました。

さっそく教えていただいたりょう理で、月曜日に「お楽しみ会」をします。ぜひ来てください。

また、これからも元気にお店をつづけてください。さようなら。

十月十日

森野うさきち

町野ねこたろう様

40 手紙を書こう！②

名前

手紙のやくそくにそって、書きましょう。

はがきは書けるりょうが少ないので、大事(だいじ)な事(こと)を中心に書きましょう。

はがきで書く

あいさつ
はじめの
あいさつ

本文
つたえたいこと
あんないすること
用けん・日時
つたえたいこと
具体てきなことを
くわしく
つたえたい思い

後づけ
日づけ
自分の名前

（　　　）、お元気ですか。わたしは元気です。
月　日（　）の　時から、（　　　）で
（　　　）があります。
わたしは（　　　）にがんばっています。
ぜひ、いらしてください。
月　日
（　　　）

41 原こう用紙の使い方 ①

名前

文をなぞって、原こう用紙の使い方をたしかめましょう。

たしかめチェック

□ ●はじめの三行（題・名前・空きの行）

○○○黒いカレーライス

「題」…二～三マス空ける。

海野○ひろみ○

「名前」…下にそろえ、一番下のマスは一マス空ける。名字と名前の間は一マス空ける。

□ ●書き始め（く読点から始めない）

○まず、はんにんは、りんごを食べている。

一マス空ける。

□ ●書き終わり（く読点が行の始めに来ないように）

○つぎに、はんにんは、バナナを食べている。

一番下の。は同じマスに入れる。

□ ●「。」

「なぜそんなことが、わかるんですか。」

話し言葉は行をかえて、かぎ（「」）をつける。

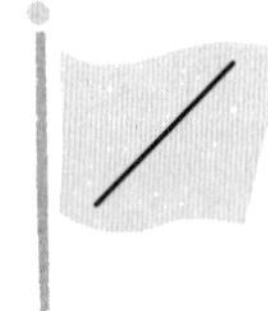

41 原こう用紙の使い方 ②

名前

原こう用紙に題、名前、れい文を、正しく書いてみましょう。

題　白いカレーライス

名前　山野　しずか

れい文

　土曜日、おとうさんが、

「今日のばんごはんは、カレーライスだ。」

と言いました。

　その一言から、すべてがはじまったのです。

3年生　こたえ

【P．4】1．四文物語①
（かい答れい）
起　あるところに、一ぴきのサルがいました。
承　ある日のこと、大切なリンゴを落としてしまいました！
転　ところが、親切な白いサルが拾ってくれました。
結　それから、二ひきはいっしょにリンゴを食べました。

【P．5】1．四文物語②
（かい答れい）
起　あるところに、食いしんぼうのクマがいました。
承　ある日のこと、おうちの食べ物をぜんぶ食べてしまいました！
転　ところが、やさしい森の動物たちが食べ物を分けてくれました。
結　それから、クマと森の動物たちはなかよくくらしました。

【P．6】2．デコレーション文①
（かい答れい）
① わたしは—きのう—お父さんと—動物園へ—電車で—行きました。
② わたしは—おとつい—友だちと—プールへ—自転車で—行きました。
③ わたしは—土曜日—家族で—温せんへ—バスで—行きました。
④ わたしは—夏休み—みんなで—ハワイへ—ひこうきで—行きました。

【P．7】2．デコレーション文②
（かい答れい）
① 弟は—きのう、—夕食に—おいしい—カレーを—作った。
② 妹は—今日、—五時間目に—とても長い—作文を—書いた。
③ 姉は—明日、—午前中に—音楽の—発表を—する。
④ 兄は—来週、—土曜日に—大人気の—えい画を—見に行く。

【P．8】2．デコレーション文③
（かい答れい）
① 赤い—花が—わが家の—庭で—さきました。
② たくさんの—人が—アイドルの—コンサートに—おしよせました。
③ 大きい—クジラが—船の—近くで—とびはねました。
④ さわやかな—風が—部屋の—中に—ふいてきました。

【P．9】2．デコレーション文④
① まじめな—弟が—算数の—問題を—すらすら—ときました。
② ほがらかな—姉が—ライオンの—せなかを—やさしく—なでました。
③ おとなしい—妹が—アニメの—主題歌を—元気よく—歌いました。
④ のんびりな—兄が—運動会の—リレーを—一番で—ゴールしました。

【P．10】3．～のように
① まるでチョウのように　速い　ダンス。
② まるでチーターのように　かろやかな　走り。
③ まるでリンゴのように　小さい　ほほ。
④ まるでアリのように　赤い　人。
⑤ まるで太陽のように　白い　ライト。
⑥ まるで雪のように　明るい　うさぎ。

【P．11】3．～のような
① 絵にかいたような　やすらかな気持ち。
② 大船に乗ったような　美しい風景。
③ いもをあらうような　つらいど力。
④ 血のにじむような　こんざつしたプール。
⑤ 火がついたような　はっきりしない話。
⑥ 雲をつかむような　はげしいなき声。

【P．12】4．ふきだし物語①
（かい答れい）
「おたんじょうび、おめでとう。うさたんにプレゼントをあげる。」
「ありがとう、たこっち。なにが入っているのか、たのしみだ。」

【P．13】4．ふきだし物語②
（かい答れい）
「やあ、かえるたん、おいしそうなソフトクリームをもってるね。」
「やあ、ウッキー、きみこそおいしそうなキャンディじゃないか。」

【P．14】5．文をつなげ！①
（かい答れい）
① かがやきだ
② 結果だ
③ 方向だ
④ 走って行った
⑤ クワガタムシ

⑥ お年玉だ

【P.15】5．文をつなげ！②

（かい答れい）

① とにかくおいしいからだろう
② ゴール目前だ
③ デザート
④ 野さい
⑤ 空をとぶ鳥
⑥ せい長する

【P.16】6．ていねいな言い方①

① 姉は中学三年生です。　② タマはネコです。
③ あと五メートルですよ。　④ コンビニでも使えます。
⑤ もう歩けません。　⑥ 小さなボートが見えます。
⑦ 箱をあけました。　⑧ 答えは△だと思います。

【P.17】6．ていねいな言い方②

① 今日はいい天気です。
山登りに行けます。
おかわりおねがいします。
② 明日はお祭りです。
わくわくしています。
よくやったでしょう。

【P.18】6．ていねいな言い方③

① アブハチとらずです。
② 石の上にも三年です。
③ 雨ふって地かたまるです。
④ かわいい子には旅をさせよです。
⑤ 急がば回れです。
⑥ 後は野となれ山となれです。
⑦ あばたもえくぼです。
⑧ 一事が万事です。

【P.19】6．ていねいな言い方④

① 一すん先はやみだ。
② 言わぬが花だ。
③ 魚心あれば水心だ。
④ うそから出たまことだ。
⑤ 馬の耳にねんぶつだ。
⑥ 知らぬがほとけだ。
⑦ おにに金ぼうだ。
⑧ えんの下の力持ちだ。

【P.20】7．主語と述語①

① 消ぼう車が**走る**。
② アゲハチョウが**まう**。
③ マイケルは**歌う**。
④ 水が**つめたい**。
⑤ 空は**青い**。
⑥ 今日は**あたたかい**。
⑦ サクラが**まん開だ**。
⑧ しん号は**黄色だ**。

【P.21】7．主語と述語②

① 多くの　クマゼミが　なく。　② 大きい　ラッコが　泳ぐ。
③ 長かった　夏休みが　終わる。　④ 赤い　花が　さく。
⑤ おくれた　ボブは　急いだ。　⑥ うれしそうに　ポチは　走る。
⑦ おどろいた　おには　にげた。　⑧ ウメの　花は　さいた。
⑨ コオロギが　にぎやかに　なく。　⑩ おやつが　山のように　出る。
⑪ 宿題が　やっと　終わる。　⑫ 時間が　あっという間に　たつ。
⑬ わたしは　サラダを　作る。　⑭ ポチは　草原を　走り回った。
⑮ ジョンは　えい画を　見に行った。　⑯ 氷は　すぐに　とけた。

【P.22】7．主語と述語③

① 今日の　まん月は　明るい。　② 動物園の　トラは　大人しい。
③ 今年の　れん休は　長い。　④ バラの　花は　赤い。
⑤ ボブの　身長は　高い。　⑥ さん歩中の　ペスは　元気だ。
⑦ 今月の　雨の日は　少ない。　⑧ 兄の　カバンは　重い。
⑨ お茶が　とても　あつい。　⑩ カレーが　すごく　からい。
⑪ 出前が　おどろくほど　早い。　⑫ チームが　全国レベルで　強い。
⑬ ドラマが　かなり　こわかった。　⑭ 答えが　いつも　正しい。
⑮ 水とうが　すでに　空っぽだ。　⑯ 問題が　去年より　むずかしい。

【P.23】7．主語と述語④

① スズメは　よく見る　野鳥だ。　② アリは　小さいが　こん虫だ。

③ トマトは　赤い　野さいだ。
④ 野球は　人気の　スポーツだ。
⑤ サメは　大きくなる　魚だ。
⑥ ペンギンは　とべない　鳥だ。
⑦ 今日は　午後から　雨だ。
⑧ メロンは　高かな　くだ物だ。
⑨ 大きな　赤い　花は　バラだ。
⑩ 明日の　きゅう食は　コロッケだ。
⑪ はげしい　風は　台風だ。
⑫ 家に　帰るまでが　遠足だ。
⑬ この　ほほえみが　答えだ。
⑭ 子どもは　社会の　たからだ。
⑮ メイの　ペットは　ウサギだ。
⑯ ボブの　家は　マンションだ。

【P.24】8．気持ちを表そう①
（かい答れい）
① はっとする　落ち着かない　心細い　目をうたがう
② 気落ちする　てれくさい　とく意になる　切ない

【P.25】8．気持ちを表そう②
（かい答れい）
① こうふんする　感げきする　あきれる　きんちょうする
② 落ち着く　気げんがいい　うれしい　気分が悪い

【P.26】8．気持ちを表そう③
（かい答れい）
① かっとなる　反せいする　本気だ　ふ安だ
② あきれる　たいくつだ　おどろく　ここちよい

【P.27】8．気持ちを表そう④
（かい答れい）
① ふ十分だ　大切だ　ていねいだ　あやふやだ
② 分かりやすい　美しい　かん全だ　とくべつだ

【P.28】9．言葉のなかま分け①
動きを表す言葉
見る　食べる　わらう　買う　話す　走る
様子を表す言葉
赤い　おいしい　近い　高い　早い　やさしい
物や事を表す言葉
教科書　さくら　算数　ノート　動物　カレー

【P.29】9．言葉のなかま分け②
動きを表す言葉
歩く　つたえる　聞く　かたづける　書く　考える
様子を表す言葉
強い　明るい　白い　丸い　すごい　美しい
物や事を表す言葉
音楽　ピアノ　ひまわり　ライオン　えんぴつ　パソコン

【P.30】9．言葉のなかま分け③
植物
まつ　すぎ　さくら　くぬぎ　あさがお　すみれ
こん虫
トンボ　チョウ　カブトムシ　セミ　ハチ　バッタ
魚
ハマチ　メダカ　マグロ　カツオ　フナ　サンマ

【P.31】9．言葉のなかま分け④
野さい
タマネギ　ナスビ　キュウリ　ダイコン　ニンジン　レタス
くだ物
リンゴ　メロン　バナナ　ミカン　ナシ　ブドウ
調味りょう
さとう　しお　みりん　ソース　こしょう　しょうゆ

【P.32】10．こそあど言葉①
答えりゃく

【P.33】10．こそあど言葉②
①（おばあちゃんからもらった）赤いくつ
②（家の近くにできた）新しいスーパー
③「あきらめたら、そこでし合は終わりですよ。」
④ 大きな鳥

【P.34】10．こそあど言葉③
① 木の真ん中に、ぽっかり空いているあな
② 夜行せい
③ 右の刀
④ 大きなケモノ

【P.35】10．こそあど言葉④
① 小さな人形
② 赤いボタン
③ まよったら、左の方の道を進んでみよう

④ 行動することでみ来はかわる

【P.36】11．ことわざかるた①

① (ク) ② (ア) ③ (カ) ④ (ウ)
⑤ (エ) ⑥ (オ) ⑦ (イ) ⑧ (キ)

【P.37】11．ことわざかるた②

① (イ) ② (カ) ③ (エ) ④ (ク)
⑤ (ア) ⑥ (オ) ⑦ (ウ) ⑧ (キ)

【P.38】12．ふ号いろいろ①

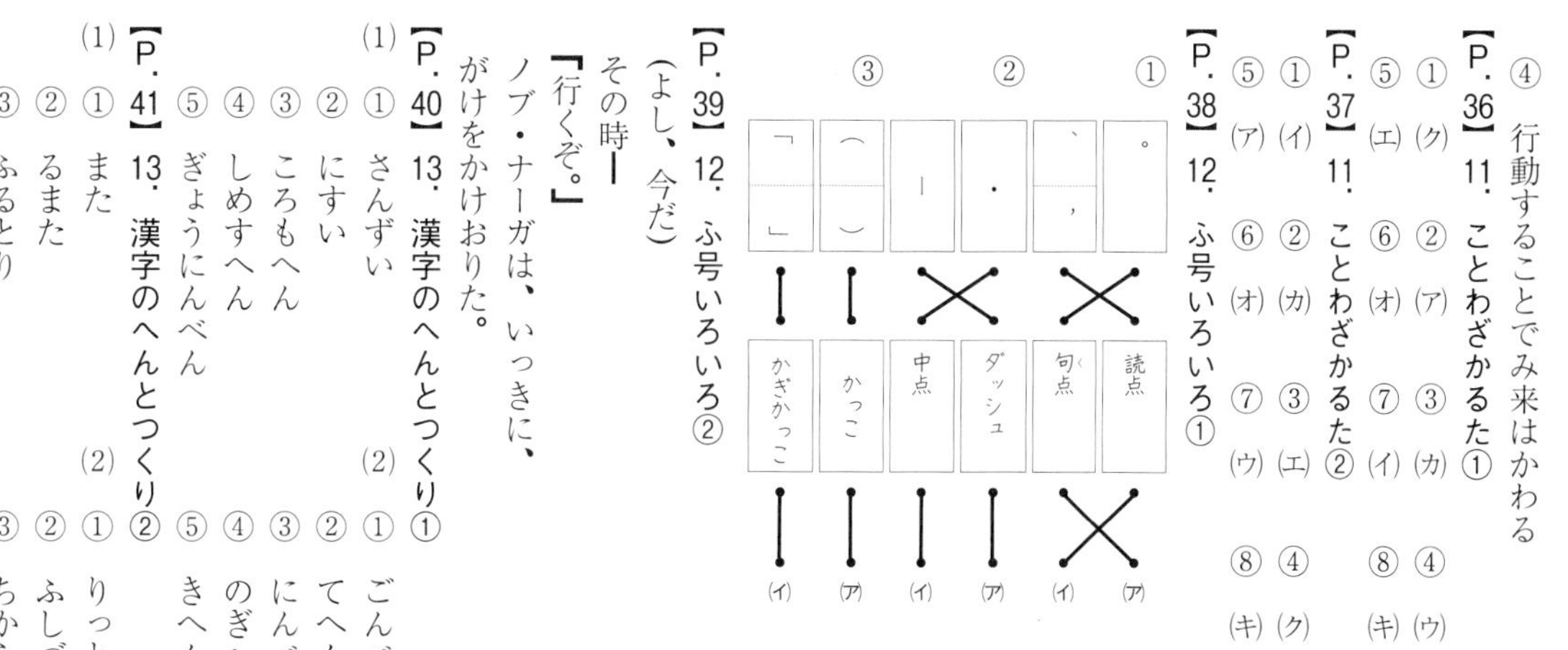

【P.39】12．ふ号いろいろ②

(よし、今だ)
その時ー
「行くぞ。」
ノブ・ナーガは、いっきに、
がけをかけおりた。

【P.40】13．漢字のへんとつくり①

(1) ① さんずい ② にすい ③ ころもへん ④ しめすへん ⑤ ぎょうにんべん
(2) ① ごんべん ② てへん ③ にんべん ④ のぎへん ⑤ きへん

【P.41】13．漢字のへんとつくり②

(1) ① また ② るまた ③ ふるとり ④ おおがい ⑤ かたな
(2) ① りっとう ② ふしづくり ③ ちから ④ のぶん ⑤ かける

【P.42】13．漢字のへんとつくり③

① いとへん…練 緑 級 終 ② のぎへん…和 秒
③ にんべん…化 代 他 仕 ④ かねへん…銀 鉄
⑤ こころ…急 想 息 悲 ⑥ くさかんむり…薬 苦
⑦ てへん…打 拾 持 指 ⑧ ぎょうにんべん…役 待

【P.43】13．漢字のへんとつくり④

① たけかんむり…第 筆 等 箱 ② おおざと…部 都
③ さんずい…泳 流 湯 洋 ④ まだれ…庫 庭
⑤ きへん…横 根 柱 様 ⑥ くるま…軽 転
⑦ うかんむり…安 定 宮 寒 ⑧ おおがい…題 頭 (顔)

【P.44】14．音読みと訓読み①

① しゅうじ なら ② どうぶつ うご
③ じんぶつ ものがたり ④ だいじ こと
⑤ やかた ようかん ⑥ たいし つか
⑦ しんかい ふか ⑧ にがみ あじ
⑨ たいちょう しら ⑩ ひら びょうどう

【P.45】14．音読みと訓読み②

① つぎ もくじ ② おもて あらわ
③ ひょうし あらわ ④ ひょうざん こおり
⑤ あたた おんど ⑥ やきゅう たま
⑦ けっこう き ⑧ ちょうせい ととの
⑨ あいて そうだん ⑩ らくよう お

【P.46】14．音読みと訓読み③

① ぜんこう すべ ② みじか たんしょ
③ うわぎ き ④ ちゃくちてん つ
⑤ ゆうえんち あそ ⑥ せいき よ
⑦ よこ おうてん ⑧ ゆび さ
⑨ ゆび しめい ⑩ やす あんしん

【P.47】14．音読みと訓読み④

① うん はこ ② みどりいろ りょくちゃ
③ へんじ かえ ④ じゅうしょ す
⑤ わる あくにん ⑥ しょじひん も

⑦ ほうこう　む　⑧ かな　ひめい
⑨ たびじ　ろせん　⑩ すいえい　およ

【P.48】15. 同じ読み ちがう字①
① 九・球　② 早・速　③ 会・合
④ 着・切　⑤ 開・空　⑥ 福・服
⑦ 歯・葉　⑧ 返・帰　⑨ 球・急

【P.49】15. 同じ読み ちがう字②
① 川・皮　② 追・負　③ 音・根
④ 花・鼻　⑤ 開・明　⑥ 実・身
⑦ 線・千　⑧ 階・回　⑨ 局・曲

【P.50】15. 同じ読み ちがう字③
① (ア)生命　(イ)声明　② (ア)発送　(イ)発想
③ (ア)記者　(イ)汽車　④ (ア)休校　(イ)急行
⑤ (ア)向上　(イ)工場　⑥ (ア)期待　(イ)気体

【P.51】15. 同じ読み ちがう字④
① (ア)十秒　(イ)重病　② (ア)開店　(イ)回転
③ (ア)医院　(イ)委員　④ (ア)前進　(イ)全身
⑤ (ア)動転　(イ)同点　⑥ (ア)火事　(イ)家事

【P.52】16. ペアじゅく語づくり①
① 詩集　漢詩　② 習字　学習　③ 商売　商業　④ 動物　行動
⑤ 物語　書物　⑥ 開店　開会　⑦ 親族　家族　⑧ 言葉　落葉
⑨ 実力　事実　⑩ 住所　場所　⑪ 表面　場面　⑫ 登場　登山

【P.53】16. ペアじゅく語づくり②
① 記事　大事　② 館内　休館　③ 記号　番号　④ 使用　大使
⑤ 深海　水深　⑥ 意外　意見　⑦ 地味　意味　⑧ 由来　自由
⑨ 温度　気温　⑩ 漢字　漢方　⑪ 体調　調理　⑫ 酒屋　飲酒

【P.54】16. ペアじゅく語づくり③
① 問題　問屋　② 題名　主題　③ 文章　楽章　④ 平気　水平
⑤ 次男　目次　⑥ 昔話　大昔　⑦ 表紙　発表　⑧ 出発　発音
⑨ 県道　県外　⑩ 有名　所有　⑪ 氷山　流氷　⑫ 毎秒　十秒

【P.55】16. ペアじゅく語づくり④
① 農業　農家　② 野球　地球　③ 局面　局所　④ 決勝　決意
⑤ 整理　調整　⑥ 相談　相手　⑦ 落下　下落　⑧ 着地　着用
⑨ 洋服　洋食　⑩ 服薬　内服　⑪ 遊具　遊泳　⑫ 全体　全部

【P.56】16. ペアじゅく語づくり⑤
① 短所　長短　② 世界　世間　③ 他界　下界　④ 横転　横行
⑤ 指名　指定　⑥ 鉄板　鉄分　⑦ 安心　安定　⑧ 様子　仕様
⑨ 運動　運転　⑩ 予定　予想　⑪ 返事　返礼　⑫ 緑茶　黄緑

【P.57】16. ペアじゅく語づくり⑥
① 送電　発送　② 住民　住人　③ 感想　感心　④ 思想　理想
⑤ 道具　具体　⑥ 悪用　悪化　⑦ 長湯　湯水　⑧ 持病　所持
⑨ 向上　方向　⑩ 大豆　血豆　⑪ 箱庭　木箱　⑫ 悲鳴　悲運

【P.58】16. ペアじゅく語づくり⑦
① 対岸　海岸　② 路線　旅路　③ 地区　区間　④ 太陽　陽気
⑤ 遠泳　水泳　⑥ 練習　練炭　⑦ 助言　助力　⑧ 童話　学童
⑨ 神社　神話　⑩ 仕事　仕草　⑪ 身体　身長　⑫ 品物　商品

【P.59】16. ペアじゅく語づくり⑧
① 銀行　白銀　② 終日　終点　③ 来客　客船　④ 消去　去年
⑤ 毛筆　筆記　⑥ 式場　公式　⑦ 植物　植木　⑧ 集合　全集
⑨ 文化　化石　⑩ 死者　生死　⑪ 都会　都合　⑫ 両親　車両

【P.60】16. ペアじゅく語づくり⑨
① 屋上　小屋　② 対話　反対　③ 勝負　正負　④ 全員　店員
⑤ 書写　写真　⑥ 真実　真夏　⑦ 祭日　祭場　⑧ 部員　全部
⑨ 速度　時速　⑩ 打球　打者　⑪ 放送　開放　⑫ 電波　波風

【P.61】16. ペアじゅく語づくり⑩
① 油絵　石油　② 円柱　電柱　③ 黒板　合板　④ 空港　港町
⑤ 起立　起業　⑥ 列車　行列　⑦ 乗車　乗客　⑧ 急用　早急
⑨ 追放　追究　⑩ 止血　出血　⑪ 暗記　暗号　⑫ 石橋　鉄橋

【P.62】16. ペアじゅく語づくり⑪
① 暑中　暑気　② 寒気　寒空　③ 軽食　軽石　④ 生命　命中
⑤ 次第　第一　⑥ 主語　主体　⑦ 本州　九州　⑧ 根気　屋根
⑨ 流行　流通　⑩ 荷物　重荷　⑪ 君主　君子　⑫ 台所　住所

【P.63】16. ペアじゅく語づくり⑫
① 進行　前進　② 役所　役日　③ 他人　自他　④ 教育　体育
⑤ 消息　消音　⑥ 取引　取水　⑦ 期間　時期　⑧ 畑作　花畑
⑨ 幸福　大福　⑩ 苦心　苦行　⑪ 倍数　何倍　⑫ 会談　相談

【P.64】16. ペアじゅく語づくり⑬
① 鼻歌　耳鼻　② 歯科　歯車　③ 地階　階下　④ 中央　県央

⑤ 旅館 旅人 ⑥ 委員 委細 ⑦ 学級 高級 ⑧ 勉強 勉学
⑨ 和式 平和 ⑩ 駅前 駅長 ⑪ 業者 作業 ⑫ 皮肉 表皮

【P.65】16. ペアじゅく語づくり⑭
① 美化 美声 ② 消息 安息 ③ 小皿 絵皿 ④ 回転 転送
⑤ 病気 重病 ⑥ 医者 医学 ⑦ 体重 軽重 ⑧ 飲食 飲用
⑨ 薬品 目薬 ⑩ 幸運 多幸 ⑪ 気配 心配 ⑫ 度合 今度

【P.66】16. ペアじゅく語づくり⑮
① 年始 開始 ② 列島 半島 ③ 期待 待合 ④ 時代 交代
⑤ 曲線 作曲 ⑥ 受注 受理 ⑦ 石炭 炭火 ⑧ 投手 投書
⑨ 金庫 車庫 ⑩ 羊毛 羊皮 ⑪ 勝者 楽勝 ⑫ 宿題 宿屋

【P.67】16. ペアじゅく語づくり⑯
① 帳面 記帳 ② 寺院 病院 ③ 王宮 宮家 ④ 汽笛 口笛
⑤ 礼金 礼服 ⑥ 研究 究明 ⑦ 校庭 家庭 ⑧ 湖上 湖水
⑨ 上等 等分 ⑩ 注意 注文 ⑪ 反対 反発 ⑫ 音波 寒波

【P.68】17. 漢字クロス①
① 転 ② 様 ③ 動 ④ 始 ⑤ 表 ⑥ 運

【P.69】17. 漢字クロス②
① 調 ② 放 ③ 算 ④ 代 ⑤ 返 ⑥ 登

【P.70】17. 漢字クロス③
① 物 ② 問 ③ 発 ④ 路 ⑤ 事 ⑥ 自

【P.71】17. 漢字クロス④
① 題 ② 取 ③ 次 ④ 意 ⑤ 全 ⑥ 部

【P.72】17. 漢字クロス⑤
① 去 ② 対 ③ 球 ④ 主 ⑤ 打 ⑥ 族

【P.73】17. 漢字クロス⑥
① 業 ② 酒 ③ 代 ④ 題 ⑤ 鉄 ⑥ 勝

【P.74～81】
答えりゃく

【P.82】20. ローマ字入力①
① し 詩
② ち 血
③ つる つる
④ ふた ふた
⑤ のーと ノート

---

⑥ じゅーす ジュース
⑦ きっぷ 切ぷ
⑧ くうき 空気
⑨ かんじ 漢字
⑩ ふくや 服屋

【P.83】20. ローマ字入力②
① ごぜん 午前
② けんきゅう 研究
③ りゅうこう 流行
④ いんしょく 飲食
⑤ しょうわ 昭和
⑥ きょういく 教育
⑦ がっきゅうかい 学級会
⑧ のうぎょう 農業
⑨ きょうと 京都
⑩ はっぴょうかい 発表会

【P.84】21. 辞書引きレース①
① [1] はやい [2] ふかい [4] ふるい [3] ふとい
② [3] あつい [1] あかい [2] あさい [4] あまい
③ [1] うさぎ [3] うなぎ [4] うなじ [2] うさん
④ [1] はん [2] バン [3] パン [4] パンこ
⑤ [4] コーチ [1] コアラ [2] コイン [3] コース
⑥ [3] ダース [4] ダイス [2] サイン [1] サーブ
⑦ [1] ガード [2] ガイド [3] スイス [4] スーツ
⑧ [2] コード [1] コート [3] テーブル [4] テープ

【P.85】21. 辞書引きレース②
① [4] じゅう [3] じゆう [2] きょう [1] きよう
② [3] びよう [4] びょう [1] ひよう [2] ひょう
③ [2] オイル [1] おいる [3] カーブ [4] かぶ
④ [1] ペン [2] ペンキ [4] ペンチ [3] ベンチ
⑤ [1] こおる [2] コール [3] まいる [4] マイル
⑥ [2] アンド [1] あんど [4] えんどう [3] エンド
⑦ [2] ビン [3] ピン [1] ひん [4] ヒント
⑧ [1] はい [2] ばい [3] ぱい [4] はいく

【P.86】22．文字ピラミッド①

（かい答れい）

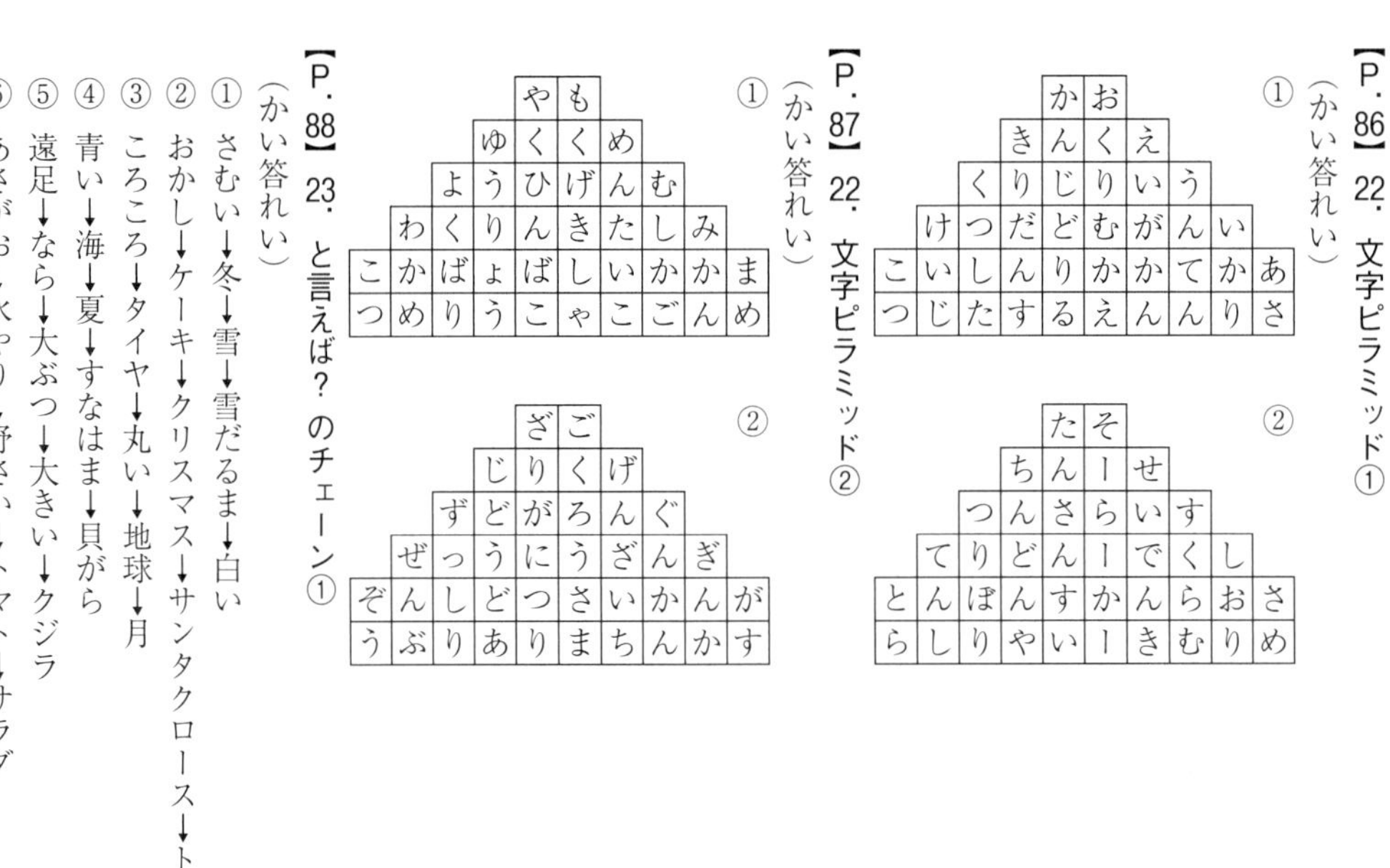

【P.87】22．文字ピラミッド②

（かい答れい）

【P.88】23．と言えば？ のチェーン①

（かい答れい）

① さむい→冬→雪→雪だるま→白い

② おかし→ケーキ→クリスマス→サンタクロース→トナカイ

③ ころころ→タイヤ→丸い→地球→月

④ 青い→海→夏→すなはま→貝がら

⑤ 遠足→なら→大ぶつ→大きい→クジラ

⑥ あさがお→水やり→野さい→トマト→サラダ

【P.89】23．と言えば？ のチェーン②

（かい答れい）

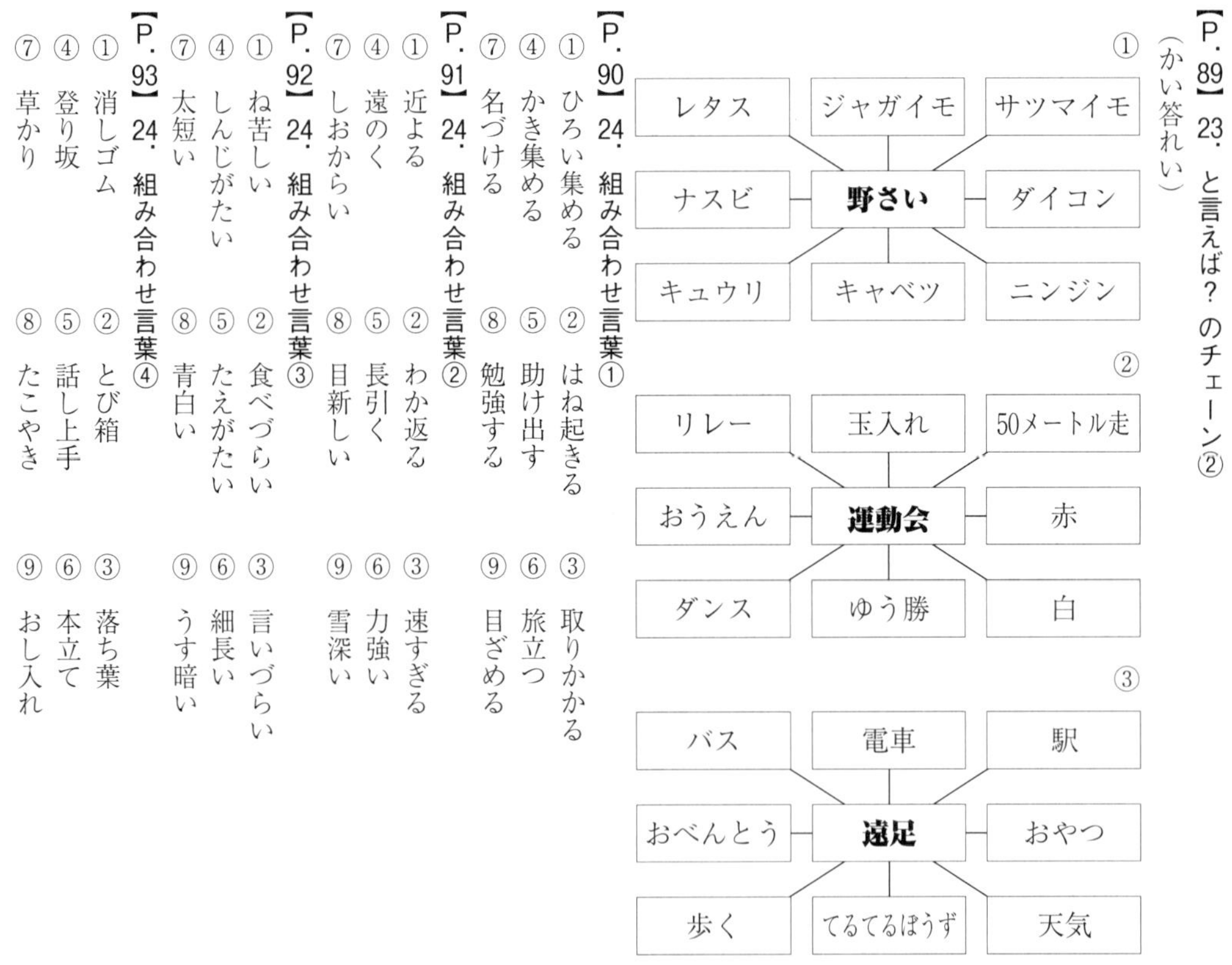

【P.90】24．組み合わせ言葉①

① ひろい集める　② はね起きる　③ 取りかかる

④ かき集める　⑤ 助け出す　⑥ 旅立つ

⑦ 名づける　⑧ 勉強する　⑨ 目ざめる

【P.91】24．組み合わせ言葉②

① 近よる　② わか返る　③ 速すぎる

④ 遠のく　⑤ 長引く　⑥ 力強い

⑦ しおからい　⑧ 目新しい　⑨ 雪深い

【P.92】24．組み合わせ言葉③

① ね苦しい　② 食べづらい　③ 言いづらい

④ しんじがたい　⑤ たえがたい　⑥ 細長い

⑦ 太短い　⑧ 青白い　⑨ うす暗い

【P.93】24．組み合わせ言葉④

① 消しゴム　② とび箱　③ 落ち葉

④ 登り坂　⑤ 話し上手　⑥ 本立て

⑦ 草かり　⑧ たこやき　⑨ おし入れ

【P.94】25. きせつの言葉のなかま分け①

① 春のくらし…新じゃが　たらのめ　たけのこ　めばえ　春キャベツ
新玉ねぎ　なえ　ふき　よもぎ　なの花　わらび　ぜんまい

② 夏のくらし…かとりせんこう　あみ戸　ふうりん　せんぷうき　すだれ
ところてん　白玉　そうめん　みつ豆　うちわ　花火　水ようかん

【P.95】25. きせつの言葉のなかま分け②

① 秋のくらし…スポーツの秋　りんご　虫の声　げいじゅつの秋　かき
虫かご　月夜　くり　さつまいも　サンマ　夜長　食よくの秋

② 冬のくらし…クリスマス　雪がっせん　ストーブ　れんこん　手ぶくろ
銀世界　こたつ　かぶ　にんじん　雪かき　だいこん　ゆたんぽ

【P.96】26. 言いきりの形①

① そろう　② よむ　③ とぶ　④ かく
⑤ さそう　⑥ たびだつ　⑦ もらう　⑧ たべる

【P.97】26. 言いきりの形②

① はしる　② うたう　③ もどる　④ かえる
⑤ のびる　⑥ こまる　⑦ くる　⑧ なる

【P.98】27. 四きのはいく①

（かい答れい）
① あたたかく　たんぽぽのはな　はるがすみ
② さくらさき　いちねんせいの　わらいごえ
③ カブトムシ　げんきにうごく　ひるさがり
④ せみのこえ　ゆうだちふって　あまやどり

【P.99】27. 四きのはいく②

（かい答れい）
① もみじがり　まんげつうかぶ　そらたかく
② ススキとぶ　さんまのけむり　さとやまよ
③ ゆきだるま　ゆきのようせい　ゆきあそび
④ ふゆのよる　おぞうにたべて　あたたまる

【P.100】28. 短歌をつくろう！①

① いしがけに　こどもしちにん　こしかけて　ふぐをつりおり
ゆうやけこやけ
② たわむれに　ははをせおいて　そのあまり　かろきになきて
さんぽあゆまず

【P.101】28. 短歌をつくろう！②

① あかとんぼ　はやくあらわれ　とりてくえ　ひるをきてさす
このやぶかども
② いつしかに　はるのなごりと　なりにけり　こんぶほしばの
たんぽぽのはな

【P.102】29. ことわざランド①

① 千　② 十　③ 百　④ 百　⑤ 五
⑥ 二　⑦ 八　⑧ 三　⑨ 一　⑩ 八

【P.103】29. ことわざランド②

① 身　② 目　③ 口　④ うで
⑤ はら　⑥ 頭　⑦ のど

【P.104】29. ことわざランド③

① (イ)　② (ア)　③ (エ)　④ (ウ)
⑤ (カ)　⑥ (オ)　⑦ (キ)

【P.105】29. ことわざランド④

① (ア)　② (ウ)　③ (イ)　④ (オ)
⑤ (エ)　⑥ (キ)　⑦ (カ)

【P.106】30. まちがいさがし①

（かい答れい）
一つ目は、右のうちゅう船のかたむきかたがちがうところです。
二つ目は、右のロボットのむねのアルファベットがちがうところです。
三つ目は、右のうさたんの持ち物がちがうところです。
四つ目は、右のビルのまどの数がちがうところです。

【P.107】30. まちがいさがし②

（かい答れい）
一つ目は、右の月のいちがちがうところです。
二つ目は、右のタコ星人のメガネの形がちがうところです。
三つ目は、右のかえるたんの持ち物がちがうところです。
四つ目は、右のクマックスのマントの長さがちがうところです。

【P.108】31. 時間のじゅん番①

① 答えりゃく
（かい答れい）
② わたしがねる前にしたことを書きます。
まず、せん面所に歯をみがきに行きました。

つぎに、明日の時間わりを用意しました。

そして、本を十ページ読みました。

さいごに、「おやすみなさい」とあいさつをしました。

【P.109】31．時間のじゅん番②

① 答えりゃく
② (かい答れい)
わたしが学校から帰ってしたことを書きます。

まず、家族に「ただいま」とあいさつをしました。

つぎに、げんかんでくつをそろえてげたばこに入れました。

そして、算数と国語の宿題をしました。

さいごに、公園に行って、おにごっこをしました。

【P.110】32．どっちのポスター①

(かい答れい)

わたしは（Ｂ）のポスターがいいと思います。

なぜなら、ツチノコのイラストが大きくのせてあるので、すがたがしっかりわかるからです。

あと、一つ工夫するとすれば、イベントにどんなお店が出店して、何をはん売されるのかをつけくわえます。

【P.111】32．どっちのポスター②

(かい答れい)

わたしは（Ｂ）のポスターがいいと思います。

なぜなら、人がたくさん集まってきて楽しいイベントになるような感じがするからです。

あと、一つ工夫するとすれば、何時に始まって、何時に終わるのか、イベントのスケジュールをつけくわえます。


【P.112】33．たくさん使って書こう①

(かい答れい)

地図をみると南の方角に、太い一本道があるので、心細いが元気を出して行くことにした。親友は弓矢の天才なので、まとの丸い戸に当たるはずだ。岩だらけの谷で立ち止まると、金魚が光っていた。


【P.113】33．たくさん使って書こう②

(かい答れい)

何時間たっただろうか。牧場につくころには強い雨も弱まり、晴れてきた。牧場の門には二頭の馬がつながれていた。さくの上ではニワトリが羽を広げている。牛は、モーと鳴きながら、草を食べている。雨のせいか、お客さんは少ない。売店で馬にあげるエサを買った。他におみやげも買うと全部で一万円ぐらいになった。


【P.114】33．たくさん使って書こう③

(かい答れい)

しーんとした室内にはぼくしかいない。るすばん当番なのである。高校生の兄と姉は、クラブの試合で午前の早くから出て行った。小学生の妹と弟は、昼ごろ友だちの家に行った。午後からは父と母が映画に出かけた。なので夜まで家にはぼく一人になる。


【P.115】33．たくさん使って書こう④

(かい答れい)

近所の北の山には、てっぺん近くに天文台がある。もともとは高校だったそうだ。高校がなくなってもたてものはのこっている。そこには池や広場があり、公園のように使われている。図書室もそうだ。今日は新しい星をさがすイベントで、天文台に行く予定だ。


【P.116】33．たくさん使って書こう⑤

(かい答れい)

今日は話し合いで、時間割りをきめていいことになった。日直のわたしが仕切る。発言を黒板に書いていく。聞くと、音楽や体育ばかりと答える人もいた。絵をかいたり、読書をしたり、新聞をつくりたい、電池で回路をつくりたいという意見もあった。最後に投ひょうをして、ひょうを計算し合計を出した。音楽のあとは自習になった。画用紙にまとめ、教室の前にはった。


【P.117】33．たくさん使って書こう⑥

(かい答れい)

春夏秋冬でどれが好きですか。

野原を歩くと、遠い山里から鳥の声が聞こえてきた。

夜空の星の数を数えながら帰る。

魚をつっていると、海の向こうを船が通った。

【P.118】34. 物語をつくろう！①

（かい答れい）

（起）むかし、ある村に、「いいよ。まかせて。」が口ぐせの気のいい男の子がいました。

（承）ある日、旅人のおじいさんのおねがいを「いいよ。まかせて。」とひきうけて、お礼に小さなふくろをもらいました。

（転）そのふくろはこまったときに、ほしいものを出してくれるふくろでした。男の子は村人がこまったら、「いいよ。」と助けました。

（結）おかげでその村はみんなが安心して、「いいよ。まかせて。」が口ぐせの村にさかえていきました。

【P.119】34. 物語をつくろう！②

（かい答れい）

（起）むかし、ある村に、「いやだね。やらないよ。」が口ぐせのわがままな男の子がいました。

（承）ある日、旅人のおじいさんのおねがいを「いやだね。やらないよ。」と言って、ことわってしまいました。

（転）すると、その村は「いやだね。やらないよ。」が口ぐせの村になり、みんなが助け合わない村になりました。

（結）やがて、その村をおとずれる人はいなくなり、村人はだんだんといなくなり、村はなくなってしまいました。

【P.120】35. 分ける・くらべる①

（かい答れい）

うちゅう人のみなさんは、（　二　）つのなかまに分けることができます。

一つ目のなかまは（手足が二本ずつ）です。

なかまのとくちょうは、（人と同じような体のつくりになっているところ）です。

二つ目のなかまは（手足がたくさんあるところ）です。

なかまのとくちょうは、（細長い手足を持っているところ）です。

【P.121】35. 分ける・くらべる②

（かい答れい）

うちゅう人のタコル星人とガンミ星人をくらべてみると、同じところは、（どちらも手足が細長いところ）です。

ちがうところは、（目の数と形がちがうところと口の大きさがちがうところ）です。

【P.122】36. あいうえおりこみ詩

（かい答れい）

① あした
いつか
うえようとおもった
えのきをうえる
おおきくそだて

② 答えりゃく

【P.123】36. と言えば詩

答えりゃく

【P.124】37. 自こしょうかいシート①

答えりゃく

【P.125】37. 自こしょうかいシート②

答えりゃく

【P.126】38. メモから作文①

（かい答れい）

公園クリーン作せんのお知らせをします。二月八日土曜日の午前九時から、みんなで公園のそうじをします。ぐん手を持って、学校正門前に集まって下さい。

たくさんの人のさんかを待っています。

【P.127】38. メモから作文②

（かい答れい）

中庭の池そうじ作せんのお知らせをします。七月八日土曜日の午前九時から、校内の池の大そうじをします。サンダルを持って、学校正門前に集まって下さい。

みんなで池をきれいにしましょう。

【P.128～129】39. あて名を書こう！①②

答えりゃく

【P.130】40. 手紙を書こう！①

暑い日がつづきますが、お元気ですか。先日、お話をうかがった森野うさきちです。

この間は、おいそがしい中、お店でりょう理の作り方を教えてくださってありがとうございました。

さっそく教えていただいたりょう理で、月曜日に「お楽しみ会」をします。ぜひ来てください。

また、これからも元気にお店をつづけてください。さようなら。

十月十日

森野うさきち

町野ねこたろう様

【P.131】40. 手紙を書こう！②

答えりゃく

【P.132】41. 原こう用紙の使い方①

答えりゃく

【P.133】41. 原こう用紙の使い方②

　　白いカレーライス

　　　　　　　　山野　しずか

　土曜日、おとうさんが、

「今日のばんごはんは、カレーライスだ。」

と言いました。

　その一言から、すべてがはじまったのです。

1日10分
読解力・表現力が身につく
国語ドリル　小学3年生

2023年4月10日　第1刷発行

著　者　藤原光雄（ふじわらみつお）

発行者　面屋　洋

企　画　清風堂書店

発行所　フォーラム・A

〒530-0056　大阪市北区兎我野町15-13
電話（06）6365-5606
FAX（06）6365-5607
振替 00970-3-127184
http://www.foruma.co.jp/
E-mail : forum-a@pop06.odn.ne.jp

制作編集担当・藤原幸祐・中倉香代

表紙デザイン・畑佐　実
印刷・㈱関西共同印刷所／製本・㈱髙廣製本